Nicole Chen 著

时尚买手之路

THE JOURNEY OF BECOMING
A FASHION BUYER

青岛出版集团 | 青岛出版社

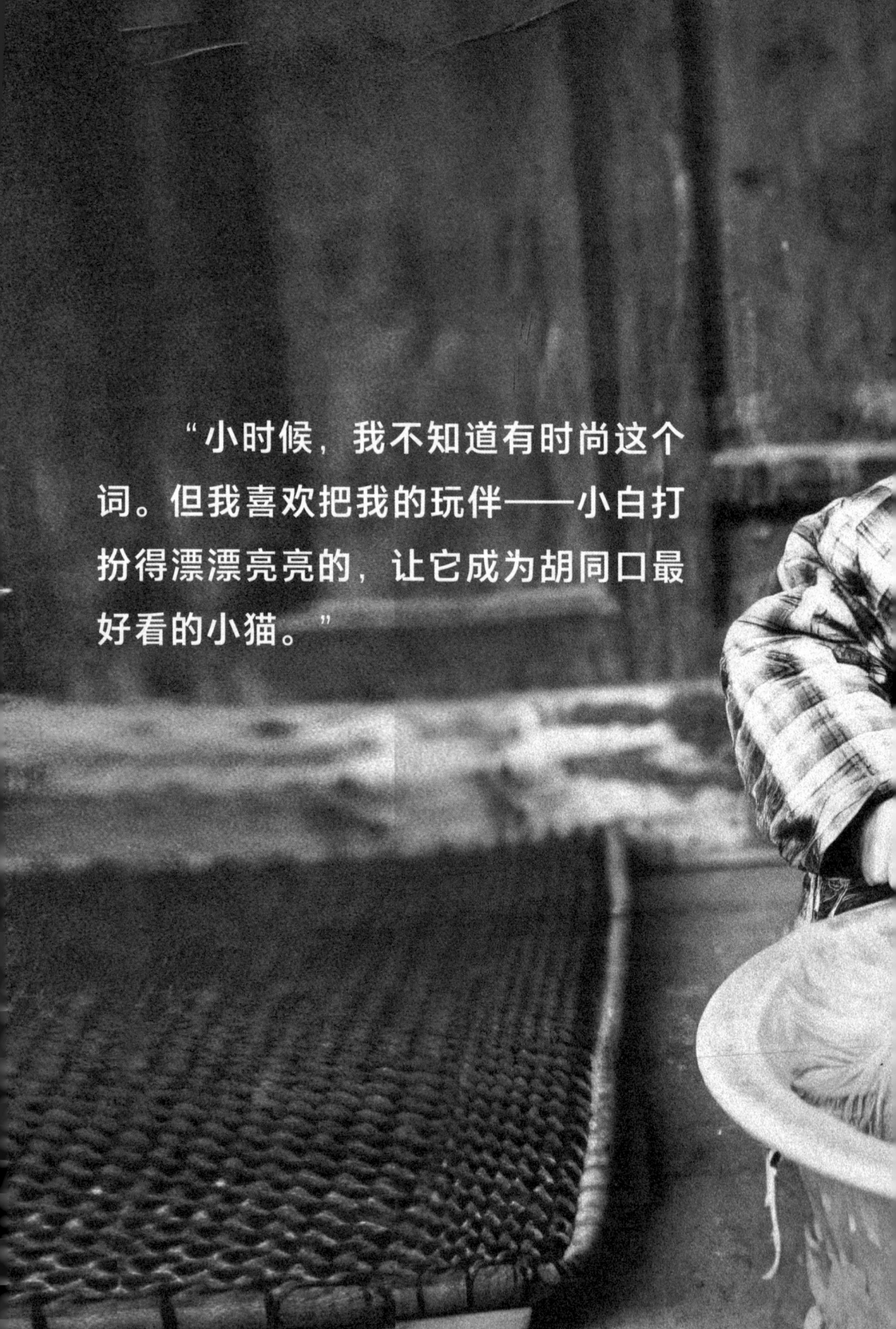

"小时候,我不知道有时尚这个词。但我喜欢把我的玩伴——小白打扮得漂漂亮亮的,让它成为胡同口最好看的小猫。"

"时尚，是一场场冒险，是一次次旅行，是学习和探寻自我的路。"

"时尚，属于每一个人，而每一个人都应该是独一无二的自己。"

"其实，
时尚只有一个目的：
找到自己，
成为自己。"

The Journey of
Becoming a Fashion Buyer
时尚买手之路

序

我与Nicole Chen（笔名：龙珮语）老师的初次见面，是在2011年的中国服装买手论坛上。

2011年是中国进入"十二五"时期的开局之年。在当时中国服装产业发展面临的诸多问题中，终端模式的创新与变革是业内人士高度关注的热点问题之一，因此"买手模式"成了当时的热议话题。论坛上，Nicole Chen老师以深厚的理论功底，结合实战案例，对买手模式在中国的发展趋势和践行之道进行了多角度、立体化的解析和分享。直到此时此刻，我依然对她在论坛上的深刻洞见与创新思维记忆犹新。

如今，随着中国消费市场及消费者需求的快速变化，"买手模式"及"时尚买手"被市场赋予了新的定义与内涵。同时，也有越来越多喜欢时尚的年轻人立志成为时尚买手。作为NCSPACE（Nicole Chen老师位于北京的买手店）的创始人兼首席执行官（英文缩写为CEO）、资深买手和中国时尚行业的专家，Nicole Chen老师心怀强烈的使命感，将成长经历与从业以来的实战经验等精心整理，写成《时尚买手之路》一书。

本书展现了 Nicole Chen 老师从事时尚买手工作二十几年以来的经历、工作积累，还包含她对中国时尚行业发展的深刻思考。本书内容丰富、系统，不仅从实操层面为立志成为时尚买手的年轻人提供了关键性问题的参考和建议，更将国际上时尚买手这一职业的运作思路与中国时尚行业的特性做了有效融合，让读者既能开阔国际视野，又能将所学在中国市场中合理实践。因此，这本书可以说是一部不可多得的时尚买手入门指南。

时值中国时尚行业进入崭新的发展时期，思想与理念的迭代创新是人们阔步前行的动力所在，我相信本书适合所有对时尚行业、时尚买手这一职业感兴趣的读者。作此序，以感谢 Nicole Chen 老师的用心，也真诚期望读者们在阅读此书后能有所收获，通过学习与实践，成为更好的自己。

陈大鹏

二〇二四年一月 于北京

自序

一转眼，我回国已经二十多年。仿佛过了没有多久，却又有了很多跌宕起伏的经历。熟悉我的人都知道，我一直在从事时尚行业，但我究竟在做什么，连我自己的家人都从未搞清楚，其中的原因，等大家看完这本书就懂了。二十多年前，如果我没有选择回国，我的人生将是另外一个模样。我也许会在日本成家立业，或是在某个与时尚相关的公司里打工，或是自己创业做了个小生意。但无论是什么模样的，应该都不会比我选择回国的人生更有挑战性、更精彩吧。

去年，在三宅一生品牌的开店活动上，我遇到了一位多年不见的好友，他早在二十多年前我刚回国时，就建议我出书，但一个刚刚回国，还没有任何积累的人哪里有出书的资格。一晃二十多年过去了，当我告诉他，我准备出书了的时候，他满脸欢喜。这本书的出版，要归功于自媒体时代的浪潮。如果没有这几年做短视频的积累，出书可能还遥遥无期。

对于如何下笔开启这本书，我想了无数种可能性，但最终还是决定从我的成长经历开始写。人这一生要走很多条路，而我恰好挑选了一条比较适合自己的路。一连串充满戏剧性的变革，犹如五彩斑斓的纱线，巧妙且合理地交织在一起，编织出了一个奇妙且难以复刻的人生。

我从事时尚买手工作已经二十几年，虽然相对于一般买手来讲可能算是有些经验，但是放到这个职业的发展历程中看，二十几年简直就是小巫见大巫。对大多数人来说，这个职业仍蒙着一层神秘的面纱，因为与设计师或造型师相比，这个职业更为小众。然而，正是这些如同影子般存在的人，间接地影响着消费者的审美，而且他们往往是天才设计师们的伯乐。那些流连于买手店的消费者，多是被店铺的选品和装修风格所吸引，而背后那些煞费苦心选品的时尚买手，却很少被注意到。

在过去的二十几年间，我也曾感到迷茫，也曾试图在时尚类书籍中找到一本可以参考的时尚买手知识类的图书，却始终无果。我也深思过其原因，并想出了三种可能：一是诉求，在欧美、日本等成熟市场，时尚买手这一职业已趋于饱和，从事这一工作的人大多已具备了一定的专业能力，不需要购买此类书籍；二是职业特色，时尚买手是一个要求从业者兼顾理性与感性、常识与经验、审美与商业能力的职业，要写一本时尚买手知识类的书难度比较大；三是利益考量，在中国内地，时尚买手是一个小众职业，有经验的时尚买手若将其经验写成书，可能给自己增加竞争对手，再考虑到出书的成本和收益，这个买卖未必划算。

所以，这本书中的内容，我反复推敲、打磨了数十遍。它能带给大家什么？能为大家解答哪些困惑？希望每个人在读完此书后，都可以找到属于自己的答案。

目录

1 我的时尚买手生涯

我是幸运的"70后" ………… [03]

任性的少年时代 ………… [07]

三十年前不为人知的专业 ………… [09]

和山本耀司的不解之缘 ………… [17]

798东京画廊偶遇贵人 ………… [26]

北京亮马河畔买手店的诞生 ………… [28]

天意让我遇到了它 ………… [36]

Y-3改变了我的命运 ………… [37]

开创内地潮流买手店先河 ………… [42]

胡同里的买手店诞生 ………… [52]

买手店的选址与经营理念 ………… [58]

车库潮流工厂买手店 ………… [62]

"金主"老爸 ………… [70]

2 关于时尚买手

什么是时尚买手？ ……………[79]

时尚买手的工作日常 ……………[82]

时尚买手与代购的区别 ……………[93]

时尚买手与采购的区别 ……………[96]

消费模式激变,"网络带货博主"涌现 ……………[98]

3 时尚买手的基本知识

如何发现品牌？ ……………[103]

时装周的作用 ……………[105]

时装周时间表 ……………[112]

了解国际四大时装周 ……………[114]

SHOWROOM 是什么？ ……………[121]

TRADE SHOW 是什么？ ……………[124]

LOOKBOOK 和 LINE SHEETS 的作用 ……………[128]

时尚买手常用英文词汇一览 ……………[130]

4 时尚买手的必备技能

基本能力 ……………[135]

掌握流行趋势 ……………[140]

制订订货计划 ……………[142]

制订订货预算 ……………[146]

确定选品方向 ……………[148]

熟知订货流程（境外品牌）……………[150]

了解订货条款 ……………[152]

选择最优汇款方式 ……………[157]

计算订货成本 ……………[158]

进行商品定价 ……………[159]

5 关于买手店

买手店是什么？ ……………[163]

为什么说买手店是设计师品牌的摇篮？ ……………[168]

买手店经营方式的改变 ……………[172]

买手店和专卖店的区别 ……………[174]

买手店在内地市场的演变 ……………[177]

全球最具代表性的买手店 ……………[182]

6 Nicole 的选品订货经验分享

我的选品要素 ……………[201]

我是如何订货的 ……………[204]

选品订货常用英文词汇一览 ……………[206]

7 我与粉丝的 Q&A

没有从事过时尚行业的人能否做买手? ……………[213]

哪些人天生适合做买手? ……………[216]

成为买手的第一步是什么? ……………[223]

制作简历及面试的技巧有哪些? ……………[226]

买手特助需要具备哪些特质? ……………[231]

时尚买手薪资高吗? ……………[234]

8 出行中的"奇葩"经历

别忘了,英国不属于申根国家 ……………[239]

不要过分相信自己的经验 ……………[243]

省钱带来的麻烦 ……………[245]

时装周防盗小贴士 ……………[247]

9 Nicole 的泛时尚分享

我最喜欢的品牌 ………… [253]

我推荐的时尚类书籍 ………… [254]

我推荐的时尚类影视作品 ………… [263]

我喜欢的时尚达人 ………… [271]

让我记忆犹新的联名 ………… [274]

我最得意的二手收藏 ………… [277]

我珍藏的邀请函和工作证 ………… [280]

珍贵的秀场照片 ………… [282]

结语 ………… [286]

附录 解析"买手 Nicole Chen"的自媒体世界 ………… [288]

1

我的
时尚买手生涯

MY CAREER
AS A FASHION BUYER

○ 我是幸运的"70后"　　　○ 北京亮马河畔买手店的诞生　　○ 买手店的选址与经营理念
○ 任性的少年时代　　　　○ 天意让我遇到了它　　　　　　○ 车库潮流工厂买手店
○ 三十年前不为人知的专业　○ Y-3 改变了我的命运　　　　　○ "金主"老爸
○ 和山本耀司的不解之缘　　○ 开创内地潮流买手店先河
○ 798 东京画廊偶遇贵人　　○ 胡同里的买手店诞生

"我的成长之路上,充满了家人的通情达理、包容与理解。是他们的爱,成就了我。尽管我们这一代人童年的生活并不富足,但我生活得十分快乐。"

The Journey of
Becoming a Fashion Buyer
时尚买手之路

我是
幸运的"70后"

我出生于北京东城区,这是一片承载着厚重的历史与深厚的文化底蕴的土地。我的父亲,一个来自上海奉贤区的才子,凭借出众的才华,考上了清华大学,自此便与北京结下了不解之缘。而我的母亲,一位来自南京的温婉女子,因姥爷的工作调动,随家人北迁。

父亲最为自豪的,莫过于高考时同时被全国六所一类院校录取的辉煌经历。他最终选择了清华大学中文系,并在还没有毕业时,便受北京日报社特别调用,成为《北京日报》的创刊编辑之一。他一生勤俭、严谨,逻辑缜密,记忆力超群。他对美食有着独到的见解,作为一名"老上海",他更是做得一手好菜。我这个"刁嘴"就是被他培养出来的。

母亲聪慧过人,为人慷慨。尽管未曾有机会系统学习艺术,但她天生自带"艺术细胞",不但字写得好，在绘画上亦颇有天赋。她虽从小身患肺结核，曾被医生断言活不过二十岁，但她凭借着坚强的意志和乐观的心态，硬是活出了精彩的人生。

姐姐比我大九岁半，如同我的另一位母亲。她工作后便成了我经济上的坚实后盾，大人不给我买的小零食，她都会尽力满足我，还常带着我与她的同龄人玩耍，使我在年幼时便结识了一批比我大许多又极为有趣的哥哥姐姐。后来，当我决定出国深造时，也是她和姐夫慷慨资助，为我提供了最初半年的学费和生活费。正是有了他们的呵护与支持，我这个叛逆且固执的小女生，才得以任性地追求自我。

◎ 全家照

◎ 美术馆里正在听讲的小朋友

我的成长之路上，充满了家人的通情达理、包容与理解。是他们的爱，成就了我。尽管我们这一代人童年的生活并不富足，但我生活得十分快乐。从小，无论是家庭还是学校，都给予了我许多艺术熏陶。因为家在东城区，这里自古便是北京的文化中心，北京人民艺术剧院、北京儿童艺术剧院等都在这里扎根，所以我有幸观看过于是之、郑榕、黄宗洛、蓝天野等老艺术家们表演的话剧，每一场都令人难忘。

母亲在我小学一年级时，便为我报名了课外美术班。无论天气有多么恶劣，她下班后都会推着自行车带我去上课，那时我是班里年纪最小的一个。学校的美术老师会在周末组织我们参观中国美术馆的展览，位于景山公园里的少年宫还为我们这些小朋友开设了艺术类学习班。如今，当我在欧洲的美术馆里看到那些与老师一起席地而坐的小朋友时，总会想起儿时的自己。我深信，艺术的熏陶必须从小开始，它对小朋友长大后的审美有着深远的影响。

任性的
少年时代

自小，我在穿衣打扮上就与众不同。记得20世纪80年代初，住在香港的姨妈时常会将表姐淘汰下来的衣服寄给我们。那时，喇叭裤刚刚兴起，成为潮流的象征。然而，每当我穿着那些绣满了花鸟图案的喇叭裤出现在校园中时，老师们总是打趣我，说我把中山公园音乐堂的幕布给穿出门了。

进入初中后，我终于告别了校服的束缚，迎来了穿衣自由。那时，北京开始涌现出各种发廊，那些被称作"大工"的发型师，多数是从广州来到北京的。我几乎每个月都会带着自己积攒的零花钱去发廊，尝试不同的前卫发型，然而每次都会被父母责怪。有一次，我毅然决然地剪了个寸头，活脱脱成了一个假小子，气得父母咬牙切齿，但又对我无可奈何。放在今天，女孩剪寸头没什么了不起，但在那个年代，这无疑是一种很难被理解和接受的行为。

初二的一个暑假，我被一位哥哥带着，去他工作的电视剧剧组担任场记。说是场记，其实我就是去玩儿的。但短短一个月，我竟然挣了130元工资。那一刻，我感觉自己仿佛一下成了一个有钱人。我迫不及待地跑到东四大街拐角处新开的一家国际眼镜店，用30元买下了一副心仪已久的进口豹纹太阳镜。要知道，在那个年代，大部分工薪阶层一个月的工资才几十元。但我的个性就是这样，我一直秉持着一种消费原则：自己喜欢的东西，根据自己的消费能力决定买不买，买得起就买，买不起就不买。

三十年前
不为人知的专业

1993年,我人生中第一次乘坐飞机,便飞往了那个曾只在电影与电视剧中见过的国度——日本。《茜嫂的盒饭店》《排球女将》《血疑》《追捕》《姿三四郎》等影视作品,是那时我对这个陌生国家的全部印象。

很快我便适应了当地的生活。每天的生活简单而规律,上学与打工是我生活的两条主线。结束了两年在语言学校的学习后,我不打算去追求名牌大学热门专业的毕业证书,而是更渴望找到一个自己真正热爱的专业。当时,国际贸易和社会学这两个专业是留学生的热门选择,因为这两个专业不但入校门槛低,而且相对比较容易拿到毕业证书,但我对这两个专业并不感冒。

从小,我便对画画和服装情有独钟。所以在20世纪90年代服装产业发达的东京,我毅然决定了学习方向,选择就读于一所位于东京惠比寿的专门学校，该学校叫 Fashion Academy（译为时装学院），如今已不复存在。那里有一个相对冷门的专业，叫作时尚造型（Fashion Styling）。尽管我对这个专业了解甚少，但直觉告诉我，这是我喜欢并擅长的领域。报考后，我顺利地被学校录取了。

虽然专业叫作时尚造型，但想成为一名时尚造型师，要学习的不只是服饰搭配、化妆造型，还包括服装设计、绘画、服装打版、缝纫、工艺设计、商业时尚、色彩学、平面设计等。当我真正从事时尚行业后，发现当时学到的东西无比实用，很多东西让我至今都非常受用。在 20 世纪 90 年代，与设计相关的专业的功课都需要手绘完成，从复杂的图案到精细的线条，再到颜色的调配，完成每一项功课的过程都既辛苦，又充满了乐趣。为了完成功课，我常常熬夜到凌晨两三点，但我并不是为了完成功课而完成功课，我很享受创作的过程，也很珍惜展现自己创意的机会。不知不觉中，那些看似乏味的手绘练习让我拥有了一种可以瞬间在脑海中使平面图案和色彩呈现出三维效果的思维能力，以及对图案摆放的位置、大小比例、色彩搭配以及面料质感的综合判断能力，它们在我日后的工作中都发挥了巨大的作用。

© Fashion Academy 毕业照

◎ 在 Fashion Academy 学习期间的设计稿和构成作品

Theme: 若武者
Design Source: Big Birds
Design Point: 色みはbig-
birdsの黄色を表わしていて、ワンピ
スの丸みはBさんの腹を表わします。
Textile:

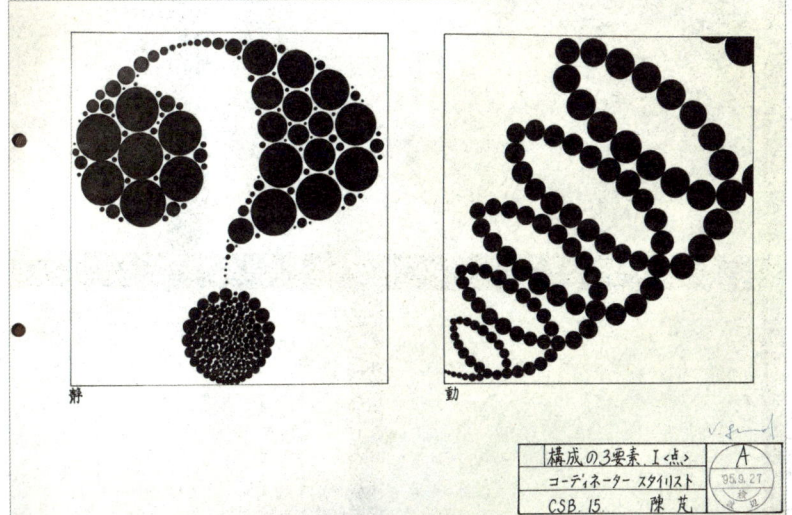

◎ 在 Fashion Academy 学习期间的色彩作品

4 ポスターカラーの彩色と混色
コーディネータ　スタイリスト
NO. 15　陳苋

◎ 2009年2月，与山本耀司合影

和山本耀司的
不解之缘

在 Fashion Academy 学习了两年后，我以优秀毕业生的身份考入日本文化服装学院，并选择学习生活造型专业。在我的认知中，设计的灵感源于天赋，而多维度的美学知识则是灵感迸发的关键。所以我没有选择该学校赫赫有名的设计专业，而是选择了一个能满足生活中一切和设计相关的诉求的专业，它涵盖平面设计、室内设计、古典艺术、纺织、铁艺等多个领域。这段学习经历让我对美学的理解不再局限于服装这一范畴，也让我对生活中一切和美相关的东西都充满了好奇和求知欲。

众所周知，日本文化服装学院培养出了众多国际知名服装设计大师，诸如高田贤三、山本耀司、藤原浩、小筱顺子、渡边淳弥、津森千里等杰出的设计师均曾就读于这里。在20世纪90年代的日本，山本耀司无疑是最受欢迎的设计师之一。他和法国

1	2	
3	4	5

◎ 1. 高田贤三
2. 渡边淳弥
3. 津森千里
4. 藤原浩
5. 小筱顺子

设计师让-保罗·高缇耶（Jean-Paul Gaultier）是当时大部分服装设计专业的学生心目中的偶像，我也不例外。

最让人不可思议的是，在我回国后的二十几年的时尚生涯中，这两位我曾经最崇拜的设计大师，竟先后与我的工作产生了交集。自2005年起，我有幸与山本耀司公司（山本耀司创立的同名公司）合作长达十五年之久。在此期间，我参与了数十场该公司旗下品牌Yohji Yamamoto，Y's，以及山本耀司与阿迪达斯合作打造的品牌Y-3在纽约、巴黎的发布会的幕后工作，负责过山本耀司来北京参加中国时尚论坛时的接待工作，担任过山本耀司的书《山本耀司：我投下一枚炸弹》（*MY DEAR BOMB*）在中国地区的宣发活动的策划和执行。我还曾受中国时尚媒体的委托，前往位于日本东京的山本耀司公司，与山本耀司进行面对面的访谈，他

◎ 山本耀司的书签名版

◎ 山本耀司

一　时尚买手之路

也曾亲自来参观过我位于北京方家胡同的买手店NCSPACE。在我微不足道的时尚生涯中，能够与这样一位了不起的设计大师产生这么多交集，实在是我的荣幸和骄傲。

而与让-保罗·高缇耶的相见更是让我激动不已。2018年，在浓缩了他生平作品集锦的音乐舞台剧《时尚怪咖秀》（FASHION FREAK SHOW）即将在法国上演之际，我有幸被邀请担任该项目在亚洲地区的拓展顾问。我们约在他位于巴黎的办公室见面，午餐时他带我走进他的私人饭厅。一顿简单而精致的法式午餐，让我深深感受到他的开朗与平易近人。回想起1997年，我跟随日本文化服装学院的大学研学团第一次来到巴黎时，便迫不及待地跑到了高缇耶（让-保罗·高缇耶创立的同名品牌，简称高缇耶）的专卖店，购买了一副全球限量款的太阳镜和一只手提包。二十多年后，我却能与设计师本人共进午餐，一起探讨他的音乐舞台剧项目，那种成就感和满足感让我深感自己在时尚行业的坚持和付出是那样值得。

1 | 2

3

◎ 1. 让-保罗·高缇耶签名
2. 与让-保罗·高缇耶共进午餐
3. 与让-保罗·高缇耶合影

◎ 让-保罗·高缇耶工作室

◎ 上图为高缇耶太阳镜，
下图为手拿高缇耶包

798
东京画廊
偶遇贵人

2002年,我刚刚回到北京,当时的798艺术区还只有几位前卫的艺术家、媒体人开设的工作室。我经朋友介绍,参加了东京画廊在798艺术区的开幕式。东京画廊可以说是798艺术区最早的当代艺术画廊。在活动中,我偶然邂逅了一位来自日本的在北京生活的资深撰稿人小林女士。她当时正忙于为东风日产的一个高端汽车广告寻找合适的整体形象造型师。在得知我不仅毕业于相关专业,还精通日语后,她显得异常兴奋,最巧的是我们居然还住在同一栋公寓。在她的引荐下,我顺利地获得了回国后的第一个广告拍摄工作。

这是一个为期两周的拍摄项目,我需要为五位来自不同职业的普通人分别打造五个别具一格的造型。拍摄地点在北京和上海,每个城市还设有多个不同的拍摄场景。进入拍摄阶段后,每天都要从早晨七点就开始工作,直到凌晨两三点才停工。过程虽然辛苦，但最终换来了客户的极高赞誉，这也让我和日本电通集团建立了良好的合作关系。

这次经历不仅让我收获了宝贵的实践经验，更让我看到了在全球性的广告公司工作的专业人士的严谨态度和先进的创新思维，这对我后面的创业产生了深远的影响。

北京
亮马河畔
买手店的诞生

20世纪90年代,我远赴日本求学。那时,在日本的街头巷尾,买手店已然星罗棋布。每当我踏入那些店铺,便仿佛踏入了一个个充满未知的宝藏世界,无数闻所未闻的品牌与款式令我目不暇接。身为造型师的我,总是渴望在多样化的款式中找寻灵感,在我回国后也是如此。然而,在21世纪初的北京,时尚氛围尚显稀薄,有格调的品牌屈指可数。随着我的造型业务的不断扩展,我合作的唱片公司、影视公司越来越多,但我渐渐发现,可选择的时装品牌太少,这导致我在为艺人打造造型时,总是感到无计可施。于是,开设买手店的念头在我心中悄然而生。

三里屯北小街,这条我从小便钟爱的街道,坐落于北京二环到三环之间的大使馆区。那里环境静谧,绿植繁茂,北侧亮马河的河水悠悠流淌,为这座水资源并不丰富的城市增添了一抹难得的浪漫与小资情调。在那里，我找到了一处心仪的空间，它位于北小街的拐角处，紧邻河畔，格调高雅。原本经营家具的店主有意将二楼转租出去，我欣然接手，并逐渐将其打造成了我心目中的买手店和造型工作室的样子。好友 Martin Alintuck（原美国爱德曼国际公关公司中国区首席执行官）在一次偶然的造访中，为这里取名"NCSTYLE"，意为"Nicole Chen 的 Style"，店名由此诞生。

这个两百平方米左右的空间呈 L 型。我把它划分为三部分，最外面是店铺，陈列着各种服饰精品；中间是我的造型工作室，里面有梳妆台和私密

◎ 装修中的 NCSTYLE 亮马河店

的艺人造型室；最里面则是我的办公室。在那个年代，施工工人对于很多先进的设计理念还闻所未闻，所以从装修需要的原材料的挑选到家具的选购，我都必须亲力亲为。为了给店铺增加一些有趣的装置，我设计了一个外圈会发光的试衣镜，灯泡是反向发光的。为了实现这个设计，我特地从日本背回了灯泡和一个在现在看来又重又大的变压器。这些想法在现在应该很容易就能实现，但是在二十多年前，想要创新是那样艰难，不过我充满了激情和成就感。

◎ NCSTYLE 亮马河店陈设

在这片天地里，我举办过发布会，拍摄过大片，给很多歌手、艺人做过造型。店铺的主要客群是明星、海归还有在京的外籍人士。刚刚涉足买手店的经营时，我对零售一窍不通，但我希望能尽自己所能打造一个既能满足我在提供造型服务方面的需要，还能让喜爱时尚的消费者买到在内地很少见的时尚单品的天地。我订货的品牌大多源自日本、意大利和美国，我要通过各种不同的渠道才能采买到商品。因为当时内地还没有开启买手店的业态，所以几乎没有境外品牌与个人店铺有订货形式的合作。刚开始涉足订货时，我常被人误以为是日本人或中国香港人，因为在那个年代，在欧洲订货的亚洲买手通常来自日本或中国香港。大多数境外品牌想要开拓亚洲市场时，会优先选择进驻中国香港，然后由香港的公司作为该品牌在亚洲的总代理。若想订货，就需要通过香港的公司下单，当时香港的公司所做的事情有点像现在有Showroom*的时尚公关公司做的事情。这种状态持续了数年。

在没有人指导我应该如何订货的年代，一切只能靠我自己一点点摸索，有时还要花钱买教训。从东京开始，我慢慢将视野转向了纽约、柏林、伦敦、米兰、巴黎。

---

*Showroom 直译过来的意思是"展厅"，在时尚行业，它有两种存在形式，这里指的是时尚公关公司的样衣展厅，还有一种是时装周期间设置的订货空间，详细介绍见本书第121页。

◎ NCSTYLE 举办的走秀活动

在那个智能手机尚未普及的年代，城市出行手册就是我的依靠。很多欧洲城市出行手册一面是错综复杂的公共交通路线图，另一面则是纵横交错的行车路线图。出行前，我总会在手册上仔细标注出每一处目的地，精心规划交通方式，只为少走弯路。

随着与国际设计师品牌的接触日益增多，我越发被他们的产品的创意与工艺所打动。很多品牌虽然创立不久，但产品的设计独具匠心，工艺也极为讲究。其中有不少品牌的设计师乐于与买手分享创作理念，当遇到愿意倾听自己想法的对象时，他们甚至可以畅谈到对方主动提出告别才作罢。许多如今已声名大噪的设计师，都是从那样的状态起步的。能遇到懂得欣赏自己的买手，对设计师来说无疑是最大的喜讯。

20世纪90年代，欧美、日本的消费者对买手店的存在已经习以为常，大部分买手店的客单价都在2000元人民币以上，这与当时内地市场老百姓的消费能力差别甚大。即便三十多年过去了，这种差异依然存在。一分价钱一分货的说法有它的道理，好的设计和好的工艺自然有它应有的价值。总的来说，在21世纪初的内地，想坚持做一家有态度、有国际水准的买手店，要面对非常多的困难。

一

时尚买手之路

天意
让我遇到了它

2003年，在一场令人难忘的于纽约举行的时装发布会上，我认识了Y-3这个品牌。它散发出的独特的帅气与实穿性让我为之倾倒，我仿佛遇到了让我一见钟情的对象。只可惜，Y-3在初创时期并未急于拓展零售业务，而是将重心放在了品牌塑造上。

直到2005年去东京出差期间，我才又一次看到了这个品牌。在伊势丹的男装部，一个不足五平方米大的Y-3专柜跃入我的眼帘。虽然专柜上只有为数不多的男装和男鞋，但第一次在市面上看到该品牌的商品，让我如同见到了朝思暮想的爱人一般喜悦。

就在我抵达成田国际机场，即将离开东京的时候，我接到了一位老朋友的电话。他告诉我，他刚离开了法国品牌A.P.C.（全名为"Atelier de Production et de Creation"，意为创作与制作工作室）公司，转而为Y-3工作。这一消息让我震惊不已，我一边听着电话另一头的声音，一边漫无目的地在机场里踱着步子。我有点不相信发生的一切，这难道就是命运的安排吗？

Y-3
改变了
我的命运

自2001年北京申奥成功的那一刻起，国际品牌纷纷将目光聚焦到了中国市场。在与很多境外品牌的交流中，我洞察到，内地市场缺少一种专注于服务时尚品牌的公关公司。这种公司在很多国家和地区的时尚圈中早已屡见不鲜，它们提供的服务与大型综合性广告公司提供的公关服务有所区别，它们专注于为时尚品牌及生活方式类品牌提供公关服务。这些公司设有Showroom，他们不仅会用Showroom展示自己服务的品牌的样品，还会出借样衣供媒体与名人使用。除此之外，他们还会帮品牌对接媒体，策划市场活动，寻找合适的代言人，确保品牌的日常曝光，从而树立品牌的知名度和美誉度。正当我思考这个市场诉求的时候，Y-3向我抛出了橄榄枝。

2005年夏天，Y-3的全球销售负责人与日本区销售负责人亲临北京。此前，我为了说服他们将品牌引进内地，反复修改了商业企划书。当时，另一家实力雄厚的内地服装企业也在争取Y-3在内地的代理权,他们不仅拥有自己的品牌与加工厂,还有丰富的代理境外品牌的经验。

  与负责人们的首次会面是在位于王府井的北京东方君悦大酒店的大堂。面对严谨的德国与日本方代表,我深知竞争之激烈。结果一点也不意外,代理权交给了那家内地服装企业。就在我略感失落的时候,我得到了品牌方的另一个合作提案。他们高度认可我对市场的敏锐洞察力、国际化的教育背景以及在营销方面的独到见解,问我是否愿意助力Y-3在内地的营销与推广。我毫不犹豫

◎ 工作证

地接受了这份挑战,尽管这意味着我必须放弃买手店的经营。

同年,我关闭了买手店,将NCSTYLE转型为内地首家拥有Showroom的时尚公关公司。令人难以置信的是,我与Y-3的合作竟持续了整整十五年。

2006年春天,Y-3在北京国贸开设了内地第一家专卖店。我策划了一场别出心裁的开店活动,邀请了三十几位来自不同领域的行业精英来担任走秀模特。他们热爱时尚,有着超前的着装品位,重点是,他们代表了未来会穿着Y-3的消费群体。他们虽非专业模特,却凭借着在各自行业中的经历、独特的个性,以及对美的理解,成了当天活动的焦点。Y-3也因此成功地迈出了在内地市场的第一步。

时至今日,我依然很坚定地认为,Y-3在时尚圈中的地位是不可替代的。它不但创造了全球顶级运动品牌与顶级设计师跨界合作的先河,还史无前例地将跨界产品做成了一个有着自己调性的可持续发展的国际知名品牌。它不仅引领了时尚潮流,还展现了极高的实穿性,是时尚运动休闲品牌中的佼佼者。

1		4	
2	3	5	6

1.Y-3开业活动，曲卫
2.Y-3开业活动，大川
3.Y-3开业活动，阚昕
4.Y-3开业活动，祖京
5.Y-3开业活动，李梦夏
6.Y-3开业活动，沈清

开创
内地潮流买手店
先河

2006年,我成功代理了日本知名漫画家井上三太创立的潮流品牌SANTASTIC!WEAR在内地的业务。同年,我受堂哥耿培(Tonney Keng)的邀请,和他及其他几位朋友共同开设了上海首家潮流买手店——Source。Source位于繁华的新乐路,店内汇聚了全球四十多个备受瞩目的街头品牌和潮流品牌的商品,成了当年潮流人士的聚集地。

Source于2006年年底盛大开业,我们邀请了众多国内外的涂鸦艺术家、滑板高手、说唱歌手以及潮流文化界的明星和名人莅临现场。T型台的设计极具创新性,模特们身着店内四十多个品牌的混搭风服饰,从定制的铁皮柜中走出。Source拥有一个非常专业的国际买手团队,除了我之外,还有来自英国、澳大利亚的职业买手。大家资历相当,在选品的风格和品位上极其契合。

◎ Source 店内陈设

打卡的概念在当时就已融入了 Source 的店铺设计中。一楼进门右手边是一个陈列了店铺商品的玻璃橱窗。一台带斗的红色摩托车停放在一进门的左手边，是很拉风的存在。店铺利用从一楼到二楼的旋转楼梯中间的空间，设计了一座超级炫酷的玻璃鞋塔，顾客若想选购鞋塔上的限量版鞋子，店员会绑上自动升降的绳索攀爬至鞋塔上，为顾客选取。这一设计不仅增加了店铺与顾客的互动性，更突显了店铺的创新实力。

　　二楼的空间更为宽敞，除了商品展示区外，还设有牛仔定制工坊，顾客可以在这里定制有自己喜欢的图案和水洗工艺的牛仔裤，并透过玻璃房观看工匠制作牛仔裤的过程。二楼还设有活动区，这里定期有各种艺术展、说唱表演、滑板表演以及秀场发布会等活动。

◎ Nicole 与 Tonney

© Source 店内活动

◎ Source 店内活动

2007年，我决定让SANTASTIC!WEAR入驻Source，并邀请井上三太亲临入驻活动现场。井上三太的漫画作品（如《东京暴走族》《邻人13号》等）在21世纪初的日本深受年轻人的喜爱，SANTASTIC!WEAR的新品发售活动也一直是涩谷街道上的一道风景线，新品在发售伊始可谓一件难求。三太先生本人是一位幽默且细腻的潮人，一身美式嘻哈风的装扮，说话却细声细语，极大的反差感让他散发着一种独特的个人魅力。他来北京期间，接受了媒体采访，我还带他去吃各种各样的中餐，他开心得如同小孩子一般。

然而，由于精力有限，我于2008年决定不再担任Source的合伙人。更令人遗憾的是，由于当时潮流文化尚未融入内地消费者的生活，Source在数年后因经营问题关闭了位于新乐路的店铺，现在那里已成为耐克的旗舰店。尽管如此，我依然认为，无论在概念、选品还是营销上，Source都走在了时代的前沿，它是一家值得骄傲的，有态度、有品位的潮流买手店。虽然它有些"生不逢时"，但它在推动潮流文化在内地的发展方面的贡献不容忽视。

◎ 井上三太的漫画书

◎ 上图为井上三太参加品牌入驻 Source 活动，下图为 Source 店内陈设

◎ 井上三太北京行

◎ 井上三太在上海

胡同里的
买手店诞生

　　2008年，正值北京奥运会隆重举行的年份，我将NCSTYLE迁入位于方家胡同46号院的创意园区。这片隐藏在胡同深处的创意园区以前是一家老机电厂，园区规模虽不大，但老厂房的空间感让我如获至宝。作为首家入驻的公司，我挑选了一处七米挑高的旧厂房，那时它破旧不堪，连门窗都没有，只能通过人工开凿的洞口进出。然而，经过精心的设计改造，这处空间焕然一新：原来坚硬的石灰墙变成了七米高的落地玻璃窗，楼下设有Showroom、仓库、试衣间和卫生间，楼上则是办公区。若不深入胡同，很难想象这里隐藏着这样一个充满了欧洲时尚氛围的创意空间。

　　在这个不方便停车的胡同里的Showroom里，我们与很多国内外的时尚品牌达成合作，这里成了很多媒体人、演艺圈人士经常光顾的地方。

2009年，正值很多境外留学归来的设计师开始崭露头角。他们经常向我咨询关于如何在内地发展的问题，因为在境外，设计师品牌主要依靠时装周期间的订货来维持发展，但当时内地缺乏这样的平台。

◎ NCSPACE 方家胡同店店外

◎ 设计师来访

我深深地认识到，买手店是连接设计师与消费者的桥梁，它在设计师发展的道路上不可或缺。怀揣着这个想法，我拜访了当时中国服装协会的常务副会长陈大鹏。他身形纤瘦而挺拔，戴着一副眼镜，既有一股书卷气，又不失领导的风范。他很懂得聆听别人的想法，而且总能敏锐地捕捉到谈话中的重点。他非常认可我关于买手店业态未来发展的想法。在他的支持下，首届中国服装买手论坛于2011年第十九届中国国际服装服饰博览会举行期间登场了。

◎ 1.Nicole 新浪直播间，超模、演员瞿颖
   2.Nicole 新浪直播间，MIC 男团和太合麦田副总张璐
   3.Nicole 新浪直播间，设计师 Vega Wang 和买手店栋梁主理人 Chales
   4.Nicole 新浪直播间，设计师潘怡良和陈大鹏先生
   5.Nicole 新浪直播间，设计师叶谦

随着公司规模日益扩大，七米挑高的空间开始全部作为 Showroom 使用，而办公室则搬到了方家胡同南边的交道口北三条里的一栋两层高的楼里。就在 2012 年第四季度，我又在交道口北三条里创立了胡同里的买手店 NCSPACE。起初，它只是一家六十平方米大小的小店，里面销售的商品都来自我从四大时装周上挖掘的极具市场潜力的小众品牌，像 Christophe Lemaire（法国品牌，音译为克里斯托弗勒梅尔，后来该品牌改名为 Lemaire），声名很快便响彻欧美市场的手袋品牌索菲·休姆（Sophie Hulme），买手店品牌 Opening Ceremony 等消费者不熟知的国际品牌。2015 年，公司再度调整和扩张，我将 NCSTYLE 的 Showroom 搬离了方家胡同的那个七米挑高的空间，然后将空间留给 NCSPACE 做更大的生活方式类产品的展现。对我来讲，我一直希望打造一个集时尚与生活方式于一体的综合型买手店。尽管 2019 年合同到期，NCSPACE 不得不搬离方家胡同 46 号院，但在我的记忆中，在那段互联网还没有那么发达的日子里，设计师、明星、时尚媒体之间的互动非常紧密且有序，时尚活动频繁，类型也很多元。圈内人士经常聚会，相互分享自己对行业、设计、经营的看法，那种对时尚的追求和热情令人难忘。

◎ NCSPACE 交道口北三条店店外

买手店的
选址与经营理念

总有人问我为何不将店铺迁至繁华的三里屯这样的商业区，这或许是因为我内心的那份理想主义吧。自买手店创立之初，我便怀揣着一个愿景——打造一个既有本土特色，又能与国际接轨的买手店。虽然在商业区开店能快速积累知名度，我也深知营销对于打造品牌的重要性，但我更期望顾客是因为真心喜爱我所挑选的产品，而铭记NCSPACE的存在。

2008年，当我首次踏入方家胡同46号院，那种亲切与熟悉的感觉便涌上心头。作为一个在东城长大的孩子，胡同对我而言，不仅有儿时的记忆，更让我联想到国外那些吸引我的买手店的经营模式。所以，我毫不犹豫地选择在这里开店。

在众多时尚之都中，大大小小的买手店随处可见，它们如同城市中的隐秘宝藏，等待着时尚达人们的发掘。我钟爱在东京的原宿、代官山，巴黎的玛黑区，伦敦的布里克巷（Brick Lane,

也叫砖巷），纽约的苏豪区（Soho）、查尔斯街（Charles Street）漫步，那些街道中的小店总能带给我意想不到的惊喜。

经营买手店，其实是一种生活态度的体现。若只是为了将生意做大，或许开设品牌专卖店更容易。然而，可复制的生意虽可做大，却少了那份独特。放眼全球，很多备受尊重的买手店都坚持只开一家店，虽然它们的生意规模远远不及那些拥有上百、上千家专卖店的品牌，但正是因为买手店主理人或买手团队坚持自己的做事态度，拥有独到的选品眼光，并愿意为那些尚未被大众熟知的设计师提供舞台，这些买手店才赢得了人们的尊重与喜爱。

我可能是在一个不恰当的时间点选择做了一件不太可能被大家理解的事，但这么多年下来，我依然觉得这个选择是正确的。

◎ 方家胡同与 NCSPACE 方家胡同店

车库潮流工厂
买手店

　　和平里，这片位于北京市中心地带的街区，曾是20世纪80年代热血青年们追逐霹雳舞以及其他街头文化的"圣地"。那时我还在上中学，放学后经常和闺密们去那里看舞者们跳舞。

　　离开方家胡同后，我一直想找到一个带院子的拥有独立洋楼的空间来更好地延续NCSPACE时尚生活方式买手店的概念，可惜一直没有找到称心的位置。就在我将公关公司搬进了和平里的一个老仪表厂大院后，这个老仪表厂大院给了我灵感。

　　这个有着六十多年历史的大院里，还保留着一些未经改造的老车间。有一天，其中一间不起眼的小房间突然吸引了我的注意。尽管房间不大，但它恰好位于一个坡道上，或许它以前是为了方便运货而设计的。坡道一侧，一排破旧却充满了年代感的路障栏杆像老侍卫一样挺立着。这个场景不禁让我联想到很多美国人住宅中带的车库。在这片北京潮流文化的发源地，这间位于坡道上的小房间自带的工厂和车库元素，让我嗅到了一股浓郁的潮流气味。

◎ GARAGESTORE by NCSPACE 招牌

就这样，NCSPACE的副线买手店、车库潮流工厂买手店（GARAGESTORE by NCSPACE）应运而生。这家诞生于2020年的潮流买手店，包含了我对和平里这片见证了我们少年时代的热血与疯狂的土地的致敬。装修过程中，我坚持"零装修"的理念，充分利用三十平方米空间原有的陈设，将工人留下的脚手架巧妙地改造成挂衣架，用被遗弃的木头书架代替货架，将老旧的办公桌与从车间的货架上拆下来的金属钢管组合在一起，做成了收银台。滑板品牌主理人帮我在滑板上喷制出"GARAGESTORE"的图案作为店铺的招牌。在店外，我用黄黑相间的警示条纹胶带做出指引标识，与斜坡上的栏杆形成呼应。门口那张原本放在办公室里的木头长凳经过手巧的师傅的处理后，依然放置在坡道上，散发出别样的韵味。而那台曾在方家胡同陪伴我们多年的工业电扇，如同回到家了一样，变成了店铺里的装饰。

开业时，我们没有刻意规划出签到打卡区，店门前是一片可以让滑板爱好者自由玩耍的空间，喜爱时尚、滑板、地下音乐、街头文化的年轻人齐聚一堂，这场景如同柏林街头举行的时尚派对一般充满了欢笑和自由。

© GARAGESTORE by NCSPACE 店外

© GARAGESTORE by NCSPACE 店内陈设

© GARAGESTORE by NCSPACE 店外

	2	3
1	4	5
	6	

◎ 1.GARAGESTORE by NCSPACE，Nicole 和音乐人赵烨
2.GARAGESTORE by NCSPACE，金震语
3.GARAGESTORE by NCSPACE，Minnie
4.GARAGESTORE by NCSPACE，面孔乐队欧阳和 Nicole
5.GARAGESTORE by NCSPACE，演员朱晓辉
6.GARAGESTORE by NCSPACE，嘉宾

"金主"老爸

2022年初,父亲的生命走到了尽头。他是一位为文字工作奉献了一生的报社老编辑,在他临终之际,他终于松口让我处理掉那套他珍爱了几十年的北京日报社分配的小房子。那是一套南北通透的老板房,里面堆集着他平生编辑的报纸、钟爱的书籍,以及那些满载着回忆的家书、贺卡和日记。

与此同时,海淀区六道口BOM嘻番里项目的负责人找到了我。负责人是一个既帅气又热情的小伙子,他向我分享了一个有趣的商业理念:他们的团队希望用当时备受年轻人欢迎的剧本杀来贯穿整个商业体的运作,打造一个专属于Z世代(网生代、互联网世代)年轻人的商业体。

位于海淀区的六道口对我来说是个并不熟悉的地方,但我知道它被多所高校包围着。BOM嘻番里与父亲的母校清华大学只隔了两条街。这一切仿佛是父亲的安排,他从不看好服装零售行业,觉得人的喜好变化太快,生意很难做,然而在"审美与品位需要从

◎ 父亲的老房子

小培养"这个想法上,他与我不谋而合。在听完项目介绍后,我萌发了一个想法:北京的东边时尚产业发达,但西边以院校、科技产业为主,如果能够在西边的高校聚集地开设一家以年轻人为目标客户群的时尚买手店,是否可以帮年轻人打开国际化视野,培养他们的时尚品位呢?

在这样的想法的支持下,2022年3月,车库潮流工厂买手店BOM嘻番里店落成。它延续了"车库"的概念,外观是车厢的造型。它如同一辆列车,承载着我过去二十多年开设买手店的历程,从一个车站,驶向下一个车站。

店铺里的家具都是可以移动的,店铺的陈列每隔一段时间会根据选品、店铺活动的内容等进行调整。为了能给顾客不同的体验感,店内设有三个定位不同的商品区,分别是国际设计师品牌区、潮流品牌区和古着(指具有年代感、现在已不生产的服饰)二手区。

我对古着和二手物品的热爱,从年轻时便已开始。在东京上学期间,因经济条件有限,我最常光顾的便是东京的二手店,买古着和二手物品的经历让我体会到了国际知名品牌产品的优势,对材质、工艺的挑剔也是从那个时候开始的。所以,如果有志向成为时尚买手,不妨在经济还不宽裕的时候多尝试购买二手服饰,或有设计特色、材质高级的古着,这样能很好地提升对品质的认知和判断力。

© GARAGESTORE by NCSPACE BOM 嘻番里店店内

© GARAGESTORE by NCSPACE BOM 嘻番里店店外

The Journey of
Becoming a Fashion Buyer
时尚买手之路

2

关于
时尚买手

INSIDE THE WORLD
OF FASHION BUYING

○ 什么是时尚买手？
○ 时尚买手的工作日常
○ 时尚买手与代购的区别

○ 时尚买手与采购的区别
○ 消费模式激变："网络带货博主"涌现

"大众往往只看到了时尚买手光鲜亮丽的一面,却忽略了时尚买手付出的努力。我希望通过呈现真实的内容,来让更多人了解这一职业的真实面貌。"

The Journey of
Becoming a Fashion Buyer
时尚买手之路

什么是
时尚买手？

时尚买手这一职业，其起源可追溯至19世纪，那时"买手"服务于以大型百货公司为核心的零售业。法国春天百货（Au Printemps）、哈罗德百货（Harrods）以及梅西百货（Macy's）等百货公司巨头，正是凭借"百货公司买手"的专业眼光，精心挑选适合进入百货公司的品牌，从而引领了当时的时尚潮流。

19世纪中期，随着法国工业革命的深入，经济蓬勃发展，中产阶层的收入也水涨船高，他们对于时装的诉求逐渐从满足基本需求转变为追求个性化。然而，百货公司和专卖店销售的品牌同质化严重，难以满足这些消费者日益增长的个性化需求。于是，一群独具时尚品位和前瞻性的时尚界业内人士应运而生，他们作为早期的"时尚买手"，开始创立具有自己独特风格的"买手店"，专门销售来自世界各地的小众品牌的商品，为市场注入了新的活力。"买手"一词，起源于20世纪60年代的欧洲。

  随着国际四大时装周的创立，更多的小众设计师品牌得以通过时装周崭露头角，而买手们的选品范围也变得更加广阔。买手店凭借其独特性，逐渐受到越来越多国家和地区的消费者的喜爱。

  如今，经验丰富的时尚买手不仅是买手店和大型百货公司的核心选品人员，其中相当一部分人还成了时尚品牌的咨询顾问，为品牌的发展提供有力支持。时尚买手需要对时尚有敏锐的洞察力，对市场有深入的理解，同时还要具备独到的选品眼光和丰富的品牌资源。此外，他们还需具备店铺运营经验，以确保选择的商品能够转化为销售业绩。时尚买手的出现极大地丰富了选品市场，他们为消费者挖掘了众多不为人知的小众品牌，成为支撑时装周和时尚产业发展不可或缺的角色。

时尚买手之路

◎ 19世纪的"买手店"

时尚买手的
工作日常

对时尚买手的误解

  我刚刚接触自媒体领域时，曾和团队一起制作了一条名为《时尚买手的工作日常》的短视频。这条仅有十几秒长的短视频，却意外地为我的账号吸引了一万多名新粉丝，这对我而言是一次不可思议的经历。后来我意识到，这条短视频之所以这么受欢迎，是因为剪辑这条视频的小编巧妙地回避了占时尚买手海量工作的99%的艰辛部分，通过呈现那1%令人羡慕的画面，来让短视频的内容更加吸引人。

  虽然这条短视频受到了网友们的欢迎，传播效果出奇地好，但比这更重要的是，它让我意识到大众对时尚买手这一职业的认知存在着巨大的误区。他们往往只看到了时尚买手光鲜亮丽的一面，却忽略了时尚买手付出的艰辛和努力。

◎《时尚买手的工作日常》
抖音视频截屏

与此同时，我注意到如今很多真人秀节目中的时尚买手形象也与现实中的相距甚远。在这类节目中，艺人一般被塑造成在实力雄厚的买手店里轻松愉快地卖货、推销产品的店员，他们无须承担订货、库存等方面的压力，只需享受开店的乐趣。这样的内容或许满足了观众对偶像和时尚类综艺的观赏需求，也带来了商业上的成功，但对那些因看了节目而想要成为时尚买手的人来说，这样的内容无疑是一种巨大的误导。

所以，尽管那条"爆款视频"让我收获了不少粉丝，我却再也不想推出类似内容的视频了。因为我深知，真正的时尚买手的工作并非如此轻松简单，我不想为了追求一时的流量和关注度而误导大众。我更希望通过呈现真实的内容，来让更多人了解时尚买手这一职业的真实面貌。

时尚买手的日常

真实的时尚买手的工作日常，实际上既考验脑力，又考验体力。全年无休，大脑和身体始终处于高速运转的状态。在时装周期间，时尚买手需要参加发布会，参观展会、Showroom，初步完成订货，回程后要尽快处理订单。在参加时装周之外的日子，时尚买手需要进行市场调研，深入研究时尚资讯，把握流行趋势，还要对接品牌方、巡店、分析销售数据、对接物流、严格验货、为商品定价、给出穿搭建议，等等。当然，这份工作带来的也并非全然是枯燥与疲惫。能够率先欣赏品牌新一季的作品，观看一场场惊艳的发布会，享受新品折扣，接触有才华的设计师，等等，这些无疑都是令很多人羡慕的工作内容。

参加时装周，就像我们这些时尚买手必经的"大考"。整个时装周期间，我们仿佛置身于一个战场，这是一个会让人的多巴胺大量分泌的地方，海量的时尚信息充斥着我们的视野，我们需要从中快速挑选出有价值的信息。与此同时，我们还要客观地判断商品的性价比高低，以及商品的风格是否符合自己的需求。新颖的设计会带给我们兴奋感，而睡眠和休息的不足，也会让我们一点点失去耐性，变得很难集中注意力。

时装周期间，我们通常会从上午十点开始参观展会和Showroom，这个过程一般会持续到晚上七点。每天订货结束后，我们会一起吃晚饭，回到住所通常是晚上十点左右。接下来，我们需要对当天看过的商品进行挑选，整理订单，与在国内的团队对接日常工作，经常要工作到半夜。由于时差的影响，刚开始大家常常会在凌晨四五点就醒来，随着对时差的逐渐适应，起床时间会慢慢推迟。当终于恢复正常作息时，一般也快要返程了。

◎ 时尚买手工作日常

若想抽出时间购物，往往只能牺牲吃晚饭的时间，因为欧洲的店铺关门通常比较早。而那些还想去体验当地风土人情的买手，则只能在完成工作后再出门。经过连续一周左右的睡眠不足和高强度工作，当踏上回程的飞机时，几乎所有买手都会瘫坐在椅子上昏睡过去。回国后，买手又要立即调整时差，投入工作，因为在时装周结束后，买手要确认订单，协助财务部门完成付款，处理可能出现的问题。

初次参加时装周的买手"小白"大多对时装周的行程充满期待，尤其是第一次行程，更是令他们兴奋不已。但随着时间的推移，当多次参加时装周，每次都要往返于多个国家和地区之间时，

◎ 买手在回程的飞机上休息

那种跃跃欲试的心情便会逐渐消退。很多买手"小白"会想利用参加时装周的机会体验当地文化、游览景点或逛街，因此他们必须在有限的时间里高效完成工作，并保留足够的体力。资深的买手则深知合理取舍的重要性，他们会合理安排时间，尽量不在超负荷的工作之外再为自己增加体力负担。只有保证有效的休息，这份工作才能做得更长久。

◎ Nicole 巴黎时装周行程表

时间	联系人	联系方式	行程	具体位置	备注
Nicole的2015年春夏巴黎男装周行程表（2014/6/25 - 7/1）					
6/25					
10:55 am (BJ T3) - 2:25 pm (赫尔辛基) 4:05 pm (赫尔辛基)- 6:10 pm (CDG)			芬兰航空 AY052		北京 - 巴黎 公务舱， 票号
	Andy		巴黎接机		
6/26					
11 am			Y-3 Showroom		
5:30 pm			Yohji Yamamoto Show		
6/27	联系人	联系方式	行程	具体位置	备注
11 am			Polly King & Co Showroom		June 27th — July 4th
1 pm			Christophe Lemaire Showroom		June 27th — July 3rd
3 pm			Capsule Trade Show		June 27th: 10 am - 7 pm June 28th: 10 am - 7 pm June 29th: 10 am - 6 pm
6/28	联系人	联系方式	行程	具体位置	备注
11 am			Yohji Yamamoto Showroom		June 28th (2 pm) - July 4th
1 pm			OTHER/WISE Showroom-Pas De Mer 2020 Fall/Winter		June 28th (2 pm) - July 4th
3 pm			BOON Showroom- Men's Fashion Week 2020FW-Norwegian Rain		June 27th — July 4th
6/29	联系人	联系方式	行程	具体位置	备注
11 am			PRISM Showroom		June 28th - July 4th
1 pm			Tranoi		June 29th - July 1st
3 pm			Men Show		June 27th - June 29th
6/30	联系人	联系方式	行程	具体位置	备注
11 am			Mismo Showroom		June 28th - July 2nd
2 pm			20AW mfpen Showroom		June 28th - July 2nd
7/1	联系人	联系方式	行程	具体位置	备注
12:20 am (CDG)- 4:15 am (赫尔辛基) 6:05 pm (赫尔辛基) 06:55 am (BJ)			芬兰航空AY880	戴高乐机场 - 首都国际机场	巴黎 - 北京

在时尚买手的日常工作中，市场调研是至关重要的一环。为了洞悉品牌动态，买手需要时刻保持对时尚资讯的敏锐关注，并深入剖析每年的流行趋势。这一过程如同打磨一把利剑，只有经过岁月的沉淀和经验的积累，买手才能游刃有余地预判潮流走向，即使在面对陌生的品牌时，也能迅速洞察其优劣所在。

受邀参加品牌发布会，是时尚买手工作中的另一项重要内容。参加品牌发布会不仅为买手提供了开拓品牌资源的绝佳机会，更是维系与品牌的关系、了解品牌发展动态的重要渠道。参加四大时装周期间，订货无疑是买手的核心任务。面对众多发布会和订货活动，买手需要凭借自己的判断力和经验，合理安排时间。有经验的买手会在观看重要的发布会与订货之间寻求平衡，确保既能获取前沿的时尚信息，又不错过任何一款潜力新品。

能够熟练制作电子表格是买手不可或缺的一项技能。尽管在许多人眼中，使用Excel（一款电子表格软件）是一项基础技能，但对设计类、艺术类专业出身的人来说，Excel可能并不是他们会频繁使用的工具。因此，对有意成为时尚买手的设计类、艺术类专业的学生而言，提前做好入行的准备工作，尽早熟练掌握Excel的使用方法显得尤为重要。右边是一个订单表案例，该表是我曾经合作的日本潮流品牌SANTASTIC!WEAR的订单表。每个品牌都会依据自己的习惯来设计和制作订单表。

◎ 订单表案例

SANTASTIC! 2008 A/W

SANTASTIC!WEAR,INC.

SHOP NAME	6/12(木)オーダー〆きり(郵送の場合は当日消印有効) 印
	01
	2008/

※オーダーの際は上部の捺印欄に捺印してください。

DELIVERY	STYLE NO.	ITEM	STYLE NAME	COLOR	S	M	L	XL	XXL	TOTAL	PRICE	PAGE
7月	W88001	GANGU	LARRY FRINCO FIGURE	GREEN								15
				BLUE								
8月	W82023	HOODIE	S.STAR DOT ZIP HOODIE	MIX GRAY		2	2			4		06
				NAVY		2	2			4		
				BLACK		2	2			4		
	W82030	SWEAT	S.STAR DOT SWEAT	MIX GRAY		1	1			2		06
				NAVY		1	1			2		
				BLACK		1	1			2		
	W82034	L/S Tee	VIVID PANTHER L/S Tee	FLUORESCENT PINK								08
				FLUORESCENT GREEN								
	W82035	S/S Tee	VIVID PANTHER S/S Tee	FLUORESCENT PINK	1	1	1	1		4		08
				FLUORESCENT GREEN	1	1	1	1		4		
	E82036	S/S Tee	DESERT CAMOUFLAGE S/S Tee	BLACK								09
				ORANGE	1	1	1	1		4		
				WHITE								
				BROWN								
	W82036	S/S Tee	GORILLA S/S Tee	GOLD	1	2	2	1		6		09
				GREEN								
				PURPLE								
	W82037	S/S Tee	ILL BLACK S/S Tee	BROWN	1	2	2	1		6		09
				MIX GRAY								
	E84012	CAP	NEW ERA "SANTASTIC!"	BLACK								10
				PURPLE								
				EMERALD GREEN								
	W84013	HAT	BAT SARU MONOGRAM HAT	WHITE								11
	W86005	ACCESSORY	S.STAR BUCKLE BELT	GOLD						2		13
				SILVER						2		
	W87008	GOODS	CHIMPANZEES LIGHTER	YELLOW								14
	E87008	GOODS	POCKET ASH TRAY	BLACK						2		14
				KHAKI								

※印の記載してある商品に関しましてはオーダー数にミニマムがございます。詳しくは最終ページをご覧ください。

随着科技的进步，一些品牌开始推出使用起来更便捷的订货工具，如小程序等，这些工具大大减少了买手订货时的工作量。买手可以通过品牌方提供的小程序进行初步的选品，提交后，品牌方会将选品表以电子邮件的形式发送给买手。没有这样的选品工具的时候，买手需要自己在纸质的订单表上进行记录，事后还需要将自己的笔记整理成电子表格。然而，目前并不是所有的品牌都有自己的订货小程序，因此，在大多数情况下，Excel依然是订货时的主要工具。

　　与品牌方的沟通，无疑是买手工作中的关键一环。尽管如今微信等即时通信工具在内地已广泛普及，但在与境外品牌的交流中，通过电子邮件沟通依然是最常用的通信方式。电子邮件以其正式、严谨的特性，在订单确认、发货日期协商、付款确认以及产品质量问题讨论等方面发挥着不可替代的作用。

　　相较于用即时通信工具聊天的随意性，用电子邮件沟通显得更加正式。每一封电子邮件都如同一份书面文件，详细记录了双方交流的内容和达成的共识，为后续的工作提供了坚实的依据。在向国际品牌订货的过程中，大部分情况下无须签订烦琐的合同，invoice（费用清单）具有与合同同等的法律约束力，能够为双方的权益提供有力保障。也有一些品牌会用purchase order（采购订单）来代替invoice。右边是一个意大利品牌发给我的采购订单，通常订单上会显示最终订货的数据。

PURCHASE ORDER

BLOCK INDUSTRIES SRL
CORSO BUENOS AIRES, 37
20147 MILANO
P.IVA 07354580966
EMAIL

NC.STYLE
BILL TO:

SHIP TO:
NC.SPACE

ORDER NUMBER	ORDER DATE	SHIPPING DATES	SHIPPING TERMS	FORWARDER	LINE			PAYMENT TERMS	
L-183 / MYA	2015-10-02	FROM: 2016-01-20 TO: 2016-02-29	exworks		MAISON FLANEUR			30%ADV+70%BD	
		NOTES			BANK DETAILS			CURRENCY	
								EURO	

#	Style Name and code	Sketch					Total QTY.	Price EURO	Total EURO	Suggested price EURO
1	MAFLD_16SMDTS60, T-Shirt senza Maniche Fabric, TESSUTO: TP211, COLORE: R9						0	136,00	0,00	136,00
2	MAFLD_16SMDPA20, Pantaloni Fabric , COLORE: R9, TESSUTO: TP211						0	190,00	0,00	190,00
3	MAFLD_16SMDSK270, TESSUTO: TW207, COLORE: BL21						0	0,00	0,00	0,00
4	MAFLD_16SMDSW110, Maglia senza Maniche Yarn, TESSUTO: FC011, COLORE: N8						0	128,00	0,00	128,00
5	MAFLD_16SMDSU90, Tuta Fabric , TESSUTO: TW207, COLORE: V1, COL.BL21						0	216,00	0,00	216,00
6	MAFLD_16SMDSU230, Tuta Fabric , TESSUTO: TP210, COLORE: BL20						0	223,00	0,00	223,00
7	MAFLD_16SMDPA60, Pantaloni Fabric, TESSUTO: TW207, COLORE: BG8, COL.BL21						0	149,00	0,00	149,00

	TOT. PCS	GROSS AMOUNT	NET AMOUNT	OTHER COSTS	TRANSPORT COST	TOT. AMOUNT
--	0	0,00	0,00	0,00	0,00	0,00

SHOWROOM MARCONA3

tel.

电子邮件的发送、抄送等都会有信息留存，这有利于之后进行信息回溯。电子邮件还具有隐私性，可以跨平台和设备使用。这些特性使得电子邮件成为买手与品牌沟通时不可或缺的工具。以下是 Christophe Lemaire 发给我的发货装箱单。

◎ 发货装箱单案例

Christophe Lemaire		FedEx 23-25 Sovereign Road Kings Norton, B30 3HN Telephone: 0121 459 6251	
Deliver to: NCSPACE		Packed By: Date: Warehouse Job Num: Customer Reference: Stock Owner	Bastien 22/08/03 General

Order Summary

Stock Code	Description	Items Quantity
W142 KN17	Flared Dress	2
W142 SK02	Flared Skirt	6
W142 JA11	Double Breasted Jacket	2
W142 SH14	Blouse	3
W142 KN19	Tube Skirt	4
W142 KN01	Crewneck Sweater	4
W142 DR03	Knotted Dress	3
W142 CO10	Dress Coat	3
M142CO03	QUILTED COAT	2
M142BL03	QUILTED JACKET	2
M142JA06	FUNCTIONAL JACKET	2
M142SH01	DETACHABLE COLLAR SHIRT	4
M142SH06	LONG SLEEVE T-SHIRT	4
M142PA07	FIVE-POCKET PANTS	2
M142TS01	T-SHIRT	2
M142TS02	HENLEY T-SHIRT	2
M142FO04	STRAP BOOTS	3
M142FO06	DERBIES	2
M142FO03	FURRED BOOTS	7
		59

时尚买手与代购的区别

时尚买手与代购虽然都是为消费者提供商品采买服务的职业,但二者不可同日而语。

代购,这一职业随着电商时代的来临应运而生。这里我们主要讨论的是境外代购。代购的门槛相对较低,只要居住在境外或者有前往境外的行程,无论从事何种职业,甚至是学生,只要知道店铺的位置,便有可能成为代购。相比于时尚买手,代购的工作简单得多,他们无须垫付货款,也无须帮消费者判断商品是否适合他们,只需按照消费者的要求采购商品即可。然而,由于大多数代购是以个人为单位提供服务,因此消费者找代购购买商品需要承担一定的风险,如遇到假货问题、代购"携款失联"问题、交税问题等。如今,随着市场需求的增加,有一些投资者开始将代购做成一门更加完善的生意,以优化服务,让消费者更加安心。

◎ 时尚买手

◎ 代购

相比之下，时尚买手则需要具备更为丰富的专业技能。他们通常拥有自己的买手店，或为其他买手店、百货公司服务。时尚买手不仅需要把控预算，还需要具备敏锐的时尚眼光、出色的市场分析能力以及良好的人际关系处理能力。他们的每一次决策都可能直接影响到店铺的业绩和自身的职业发展。如果订购的商品无法顺利销售，他们可能会面临失业的风险。因此，成为时尚买手并非易事，不管是时尚买手还是有志成为时尚买手的人，都需要不断地学习、实践，从而积累经验。

尽管任何一种新兴事物都有可能成为过去时，但时尚买手这一职业已经存在了近百年，它在社会发展中的重要性不断被验证。然而，这并不意味着时尚买手可以心存侥幸。时尚行业的发展日新月异，新的趋势和变化层出不穷。因此，时尚买手需要保持开放的心态，积极拥抱新的变化，不断学习和提升自己的专业技能，以适应不断变化的市场需求。

时尚买手与
采购的区别

在十几年前,就有人问过我这个问题:"快时尚品牌"的采购人员是否等同于我们所说的时尚买手?对此,我给出的回答是:尽管这些采购人员的工作经验可能与服务于买手店、百货公司的买手相似,但他们的职责与我分享的时尚买手的职责有着本质的区别。

很长时间以来,众多"快时尚品牌"都会定期派遣采购人员甚至设计师深入市场,购买知名品牌的商品,来"探寻灵感""捕捉风尚"。这些被采买回去的商品,通常会成为品牌开发新品时的参考案例。设计师会根据这些市面上流行的款式,迅速掌握知名品牌的设计精髓。当然,对于那些敏锐度极高的采购人员来说,他们能在这个过程中感受到哪些色彩、款式等将会成为新一季的流行元素,并将这些信息精准地传递给设计师,助力品牌打造出备受追捧的产品。

而时尚买手的职责则是为买手店和百货公司的自营区选品和订货。买手店的核心是买手，买手的选品直接决定了一家店铺的整体风格、调性以及经营状况。买手会根据目标客群的需求和流行趋势，提前几个月甚至半年进行产品订购。他们的见识和对流行趋势的精准预测，使得买手店成了一种备受欢迎的零售模式。

当然，看到这里，或许有人会提出疑问：买手难道仅限于时尚买手吗？其他行业是否也存在买手？当然存在。然而，需要明确的是，本书中分享的内容，只局限于时尚买手这一特定职业。时尚买手与其他行业的买手虽在某些方面有共通之处，但他们在职责、工作内容以及所面临的挑战等方面，都存在着明显的差异。因此，在后续的章节中，我将更加深入地探讨时尚买手的独特之处，以及他们在时尚产业中扮演的重要角色。

消费模式激变，"网络带货博主"涌现

随着互联网时代的浪潮汹涌而至，"网络带货博主"这一新兴职业应运而生，带货博主们凭借庞大的粉丝群体，开辟了一条全新的销售渠道。近年来，从网上购物成了很多人生活中不可或缺的一部分，众多网络带货博主更是成了品牌清空库存、重拾生机的救命稻草。

网络带货博主的崛起，不仅是中国特色社会主义市场经济特色的生动体现，更是特定时代背景下的产物。他们代表着一个新的时代的开启。

值得注意的是，并非所有网络带货博主都仅仅满足于推荐走量的低价位商品。网络带货博主中不乏一些佼佼者，他们具有自己的选品态度和带货标准，力争为粉丝挑选品质好、性价比高的商品。虽然他们无须承担采购的资金压力，也无须奔波于各大时装周进行选品，更无须经营实体店，深陷烦琐的日常经营工作中，但他们在选品和直播带货方面展现出了极高的专业素养。

◎ 网络带货博主

因此，我认为，我们应该给予这些带有选品导向的网络带货博主一个专属的、富有时代感的名字。正如日本20世纪90年代日本人给涩谷那些将皮肤晒得黝黑、穿着超短裙的女生创造的"Gyaru"（辣妹）一词后来广为人知一样，我们也应该创造出一个能够凸显网络带货博主优势、彰显时代特色的新名词。

这个名字既要与"时尚买手"一词有所区别，又要能够凸显网络带货博主的核心价值和特点。我希望能够借助大家的智慧和创造力，共同为这一新兴职业打造一个独特的标签。

请扫描下方的公众号二维码，关注后在对话栏中发送您的看法。

3

时尚买手的
基本知识

FASHION
BUYING 101

○ 如何发现品牌？
○ 时装周的作用
○ 时装周时间表
○ 了解国际四大时装周

○ SHOWROOM 是什么？
○ TRADE SHOW 是什么？
○ LOOKBOOK 和 LINE SHEETS 的作用
○ 时尚买手常用英文词汇一览

"时装周不仅是时尚界的一场盛宴,更是品牌、时尚买手、媒体之间进行交流与合作的重要平台。在这里,每一个细节都充满了创意与激情,每一次亮相都足以引领潮流。"

The Journey of
Becoming a Fashion Buyer
时尚买手之路

如何
发现品牌？

早年间，时尚买手主要通过国际四大时装周来发掘新兴品牌。随着时尚产业的全球化趋势越来越明显，东京时装周从21世纪之初开始逐渐崭露头角，受到了亚洲买手的广泛关注。近年来，上海时装周和中国国际时装周也异军突起，发展势头强劲。对于希望发掘优秀本土设计师品牌的中国买手而言，后两个时装周无疑是不可或缺的重要平台。

除了时装周这一传统渠道，如今，时尚买手还能通过社交媒体这一新兴媒介，获取到大量在时装周上难以触及或未能及时发现的品牌信息。同时，也有品牌方主动通过社交媒体向时尚买手展示自己的设计，毛遂自荐的情况。

在互联网时代，品牌若是没有自媒体账号，无疑会错失与时尚买手及消费者互动的重要机会。因此，建立一个能够清晰准确地展现品牌定位与风格的自媒体账号显得尤为重要。自媒体账号起到了以往企业网站的作用，它不仅是品牌展示产品、传递理念的窗口，更是品牌创造商业机会、提升知名度的重要工具，宛若品牌的名片。

◎ 线上订货

◎ 线下订货

时装周的作用

时装周这个词对于大多数人来讲，早已耳熟能详。巴黎时装周起源于1910年，至今已有114年的历史。如今，时装周的四大巨头——纽约时装周、伦敦时装周、米兰时装周、巴黎时装周，早已成为引领全球时尚潮流的风向标。曾经每年只在各地举办两次的时装周，如今已演变成一年举办四次乃至更多次的盛事。

随着品牌数量的急剧增长和市场竞争的日益激烈，时装周的重要性和地位日益上升，虽然每次活动的时间仅有短短几天，但其所蕴含的能量与影响力足以撼动整个时尚界。对时尚买手而言，每次参加各大时装周的机会都尤为珍贵，我们需要在有限的时间里尽可能多地参观展会和Showroom，以捕捉最新的时尚趋势和潮流元素。

在时装周期间，全球顶尖的商业品牌、设计师品牌、时尚买手以及媒体都会汇聚一堂。实力雄厚的商业品牌和设计师品牌会精心策划自己的新品发布会,用一个个令人拍手叫绝的创意获取巨大的流量和曝光度。而那些资历尚浅、实力稍弱但也渴望通过时装周获得曝光的品牌,则会选择设立静态展、独立的Showroom或快闪店等,来创造话题。

当然,对大部分品牌而言,参加时装周的主要目的还是促成订货。此外,在这里,他们还可以与时尚买手面对面交流,了解市场需求,为下一季的产品研发收集建议。

时装周不仅是时尚界的一场盛宴,更是品牌、时尚买手、媒体之间进行交流与合作的重要平台。在这里,每一个细节都充满了创意与激情,每一次亮相都足以引领潮流。

时装周的核心作用

1. 宣传

时装周对品牌来说无疑是年度盛事,是他们进行宣传的重要平台。时装周为品牌构筑起了一个全球时尚精英云集的盛大舞台。品牌会精心策划发布会、酒会等活动,邀请媒体、明星、自媒体达人等对品牌发展有帮助的人士前来参与,借此在社交媒体上掀起波澜,收获海量的曝光与关注。

时装周宛如一场盛大的时尚派对,各个品牌与设计师在这里各展所长,争奇斗艳。而在这场派对中,每一个参与者都有机会打造自己的小派对。因为若单独邀请具有影响力的名人或时尚达人到某一个城市参加活动,不仅费用高昂,时间成本也极为可观。然而,借助时装周这一平台,邀请名人和时尚达人的性价比会大大提升。对这些名人和时尚达人而言,参与时装周同样是一个难得的曝光机会,借助这个机会,他们不但可以提升自己的时尚度,还能创造话题,拓展影响力。

记得在 2011 年,我第一次成功地说服了 Y-3 邀请中国艺人参加四大时装周观看品牌发布会。这一举措不仅为品牌注入了新的活力,更在国际舞台上彰显了中国市场对于品牌发展的重要性,和中国艺人的时尚风采。

2. 促成订货

时装周无疑是品牌展示产品、时尚买手订货的绝佳舞台。历经多年的沉淀与积累，国际四大时装周各自绽放着它们独特的魅力，时尚买手可根据自己的选品风格与需求，前往最适合自己的时装周进行选品。

国际四大时装周的运作体系堪称完善，固定的展会与新老 Showroom 的轮番登场为时尚买手提供了大量的选品机会。买手可以提前预约参观时间，确保在时装周开启前便做好周密的行程规划。

在时装周期间，时尚买手可通过参观展会、Showroom，近距离感受品牌的设计精髓与独特理念，亲眼看见新品的细节和工艺，询问模特们上身后的真实感受，更可以与设计师面对面交流，聆听他们对于新品的解读。这些宝贵的体验能够让买手更加准确地把握市场动态，发现潜在的合作目标，让选品更加精准。

◎ 2014年，Nicole在巴黎时装周期间于丹麦品牌Mismo订货

◎ 2020年，Nicole于意大利品牌TRANOI订货

© 2014 年，Nicole 于法国设计师品牌 Bonastre 订货

© 2018 年，Nicole 于法国手表品牌 FOB PARIS 订货

1	3
2	4

◎ 1. 2012年，Nicole 于巴黎 Y's 订货
2. 2020年，Nicole 于巴黎 Y's 订货
3. 2020年，Nicole 于巴黎品牌 LYPH 订货
4. 2020年，Nicole 于挪威品牌 Norwegian Rain 订货

时装周
时间表

如今，除了备受瞩目的纽约时装周、伦敦时装周、米兰时装周、巴黎时装周外，时尚界的版图还在不断扩张，柏林、东京、哥本哈根、上海、北京、首尔等地都开始举办各自的时装周，展现各自独特的魅力与风采。中国国际时装周作为唯一的国家级时装周，肩负着促进时尚消费、传播潮流趋势、推动产业升级、扩大文化交流以及与全球时尚产业从业者对话的责任和使命。

1月 Jan.

哥本哈根时装周
Copenhagen Fashion Week

巴黎男装周
Paris Men's Fashion Week

米兰男装周
Milan Men's Fashion Week

巴黎高定时装周
Paris Haute Couture Week

2月 Feb.

柏林时装周
Berlin Fashion Week

纽约时装周
New York Fashion Week

伦敦时装周
London Fashion Week

米兰时装周
Milan Fashion Week

巴黎时装周
Paris Fashion Week

3月 Mar.

巴黎时装周
Paris Fashion Week

首尔时装周
Seoul Fashion Week

上海时装周
Shanghai Fashion Week

中国国际时装周
China Fashion Week

东京时装周
Tokyo Fashion Week

4月 Apr.

5月 May

6月 Jun.

伦敦男装周
London Men's Fashion Week

米兰男装周
Milan Men's Fashion Week

巴黎男装周
Paris Men's Fashion Week

7月 Jul.

柏林时装周
Berlin Fashion Week

巴黎高定时装周
Paris Haute Couture Week

8月 Aug.

哥本哈根时装周
Copenhagen Fashion Week

东京时装周
Tokyo Fashion Week

9月 Sept.

首尔时装周
Seoul Fashion Week

纽约时装周
New York Fashion Week

伦敦时装周
London Fashion Week

米兰时装周
Milan Fashion Week

巴黎时装周
Paris Fashion Week

中国国际时装周
China Fashion Week

10月 Oct.

巴黎时装周
Paris Fashion Week

上海时装周
Shanghai Fashion Week

11月 Nov.

12月 Dec.

了解国际
四大时装周

　　国际四大时装周有不同的历史与独特的定位，在时尚界彰显着各自的存在价值。纽约时装周，自1943年由美国时装协会创立以来，便成了美国时尚文化的璀璨舞台；米兰时装周，于1967年在意大利国家时装商会的推动下诞生，彰显着意式设计的精致与典雅；伦敦时装周，1984年在当地时尚杂志社和英国政府的支持下正式举办，其独具匠心的创意，为英国时尚产业注入了源源不断的活力；而巴黎时装周的历史更是可以追溯至1910年，由法国时装协会主办，它以其悠久历史与深厚底蕴，稳坐国际时尚界的头把交椅。

　　目前，在国际舞台上，四大时装周依然是最受瞩目的焦点。无论是参与的品牌及时尚买手数量，还是媒体的关注度与商业价值，四大时装周都是其他时装周难以企及的。

四大时装周的影响力为什么这么大

1. 国际知名品牌的参与

国际四大时装周历史悠久,从享誉世界的奢侈品品牌到独具匠心的小众设计师品牌,如果想在时尚圈里占有一席之地,就必须参与其中。可以说,参与四大时装周对很多国际品牌来说已成为一种传统和习惯。当然,除了参与四大时装周外,如今也有一些品牌敏锐地洞察到新兴市场的变化与发展趋势,为了提高在新兴市场的市场占有率,他们也会参与其他国家和地区举办的发布会或订货会。

在四大时装周中,巴黎时装周独占鳌头,堪称全球时尚的风向标。能够被法国高级时装公会认可,跻身巴黎时装周官方日程表中的品牌,无疑在创意、工艺、影响力等多个维度上都是同行业中的佼佼者。

不过,尽管有些品牌声称自己在巴黎时装周期间举办过发布会,但实际上这些发布会未能进入官方日程表,举办这样的发布会往往只是品牌在借助时装周的热点效应,为自己制造话题而已。虽然消费者可能并不在意某品牌的发布会是否被纳入了官方日程表,但对业内人士来讲,被纳入官方日程表才是一个品牌实力与地位的象征。

2. 国际时尚买手的参与

时尚买手如同独具慧眼的伯乐，他们能在时尚界的茫茫人海中，精准地发掘出具有潜力的设计师新星。对这些经验丰富的时尚买手来说，四大时装周无疑是他们挖掘新星的首选之地。设计师们则深知，时装周是他们展示才华和吸引买手关注的重要舞台。因此，他们会在时装周期间，竭尽全力地吸引需求与自己的风格相匹配的买手前来欣赏他们的作品。无论是设计别出心裁的展示方式，还是精心策划推广活动，设计师们的目的都是希望能够借此机会，让买手看到自己的创意和实力，从而促成更多的订单。

3. 时尚媒体的参与

时装周对媒体来讲是一年度中最容易创造话题的时间点。借助密度极高的时尚活动，媒体可以捕捉到一手的秀场素材、街头的时尚瞬间、精彩纷呈的时尚活动以及明星的璀璨亮相，还可以采访设计师。这些内容不仅可以为媒体吸引大量读者的关注，提升报道的浏览量，还可以带来可观的广告收入。

4. 明星和 KOL 的参与

在时装周期间，明星和 KOL（关键意见领袖）可以凭借敏锐的时尚触觉和独到的审美，制造出大量的优质内容。无论是华丽的红毯造型、具有地域特色的街拍，还是与设计师的深入交流，都能成为他们自媒体账号上的亮点。这些优质的内容不仅满足了粉丝们的期待，也进一步提升了他们的个人影响力。

对品牌而言，借助明星和 KOL 的影响力进行宣传，无疑是一种高效且精准的策略。通过与他们合作，品牌能够迅速扩大知名度，提升美誉度，进而促进销售额的增长。因此，品牌方也乐于邀请这些具有影响力的明星和 KOL 参与时装周活动。

然而，展望未来，若科技的力量能够彻底颠覆我们传统的出行模式和行事方式，那么时装周的存在方式或许会发生改变。届时，我们或许将见证一个前所未有的景象：与时装周有关的所有产品、信息都将汇聚于一个云端，形成一片数字海洋。而能够遨游其中、看到这些信息的，将是一些拥有特定权限的人。网络技术的广泛应用，无疑将引领时尚界进入一个充满无限可能的新纪元。

◎ 戴 VR（虚拟现实技术）眼镜观看时装秀

四大时装周的特色

纽约时装周以其深厚的商业化底蕴著称，其办秀的核心目的是营销与促成订货。美国品牌在此方面展现出了卓越的智慧，他们擅长利用明星资源进行宣传，将产品设计得既时尚又实用，贴近消费者的日常穿着需求。因此，选择纽约作为发布舞台的品牌多数是商业化程度高的品牌。值得一提的是，不少品牌在完成纽约时装周的发布活动后，还会利用时装周的时间差，迅速转战米兰时装周或巴黎时装周，进行下一轮的发布活动。另外，大部分的美国品牌善于利用线上平台促成订货，这也是这些品牌商业化程度高的表现。

伦敦时装周以前卫和实验性的特质为核心，深刻诠释了英国人对时尚的独特态度：敢于冒险，随心所欲，充满幽默感。这里为年轻设计师提供了一个极为包容的创作空间，让他们能够尽情施展自己的创意与才华。对有发展潜力的设计师而言，伦敦时装周往往是他们积累经验、奠定设计风格的摇篮，通过在伦敦时装周的磨炼，他们能够提升设计能力和工艺技法，然后转战巴黎时装周或米兰时装周，去迎接更大的挑战。

早期的米兰时装周以其本土化的特色独树一帜。它追求极致的工艺与品质,对本土品牌及老牌时装屋始终保持着一份尊重与敬意。近年来,米兰时装周逐渐放开怀抱,吸纳越来越多的海外品牌参与。在合作条件上,相较于巴黎时装周,米兰时装周显得更为宽松。米兰时装周汇聚了大量的 Showroom 和展会,这些都是时尚买手聚焦的地方。以往,由于巴黎时装周在时尚界的地位无可撼动,许多品牌在米兰时装周结束后会迅速转战巴黎时装周,以获得更多的订单,甚至直接放弃米兰时装周。然而,近几年,随着经济的下滑,巴黎市场也呈现出一定的不确定性,许多原本更青睐巴黎时装周的品牌纷纷调整策略,选择回归米兰时装周。这种策略的改变在时尚界屡见不鲜。

巴黎时装周作为国际四大时装周的压轴之作，不仅拥有无与伦比的影响力，更是培养和孕育国际化的设计师品牌最重要的摇篮。它超越了地域的限制，对设计师的评判完全基于其才华与创意，而非国籍。尽管外界常有人认为法国人高傲，尤其是法国时尚圈的人更是盛气凌人。但深入了解后，你会发现，这种高傲并非矫揉造作，而是源于他们世世代代所累积的时尚敏锐度、观察力、品位以及对美的深刻认知。这些内在的积淀使他们能够自然地表达出对时尚的观点。

因此，对那些充满自信的设计师而言，巴黎时装周无疑是一个值得尝试的舞台。只要你的设计独具特色与创意，品质卓越，且具备高度的实穿性，在选择了对的展示平台的前提下，你在巴黎定能遇到真正懂你的时尚买手。对时尚买手而言，巴黎也是一个发现各类优质品牌的绝佳之地，这里的时尚氛围与资源无可比拟，能够源源不断地为买手提供宝藏。

SHOWROOM 是什么？

在时尚行业中，Showroom 主要有两种存在形式。一种是时尚公关公司的样衣展厅，在第一章里，我曾和大家分享过，我开创的 NCSTYLE 就是一个配备了 Showroom 的时尚公关公司。这类公司通常具备为品牌和明星牵线的功能。配备 Showroom 不仅便于品牌向媒体出借样衣，以便媒体产出时尚资讯，也便于品牌为明星提供借衣服务，这种做法能够为品牌创造低成本的露出机会。

另一种 Showroom 是在时装周期间，短期存在的为促成订货而设置的空间。作为品牌展示新品、促成订货的舞台，Showroom 会被精心布置。这种 Showroom 的运营模式主要有以下两种：品牌自营模式和第三方运营模式。

品牌自营模式常见于知名度高且资金实力雄厚的品牌，这些品牌会自己租赁场地，自己运营 Showroom，场地的布置也会完全根据品牌调性来设计。而大多数设计师品牌则倾向于与专业的时尚公关公司合作，依靠这些公司丰富的经验和时尚买手资源来增加订单。

上面说的时尚公关公司又可分为两类。一类是既收取展位费又收取订货提成的公司，他们会为品牌提供全方位的服务，从时尚买手的邀请、现场产品介绍，到订单记录及后续发货跟进，均由他们负责。另一类公司则仅收取展位费，品牌方需自行承担现场搭建、接待、订单跟进等工作，而时尚公关公司也会通过自己的渠道邀请时尚买手。

时尚公关公司的收费也有差异。收费高的公司往往能够邀请到更优质的时尚买手到场，从而帮助品牌获得更多的订单。买手选择去哪个Showroom，往往取决于Showroom展出的品牌的质量和时尚公关公司的服务。

◎ 上图为时装周期间的 Showroom
　下图为时尚公关公司的 Showroom

TRADE SHOW 是什么？

Trade Show 直译过来的意思是展会，它是时装周期间一个很重要的订货平台。从规模上来看，它能容纳的品牌数量远远超过 Showroom 所能容纳的；与 Showroom 那种有自己定位、追求小而精的品牌筛选机制相比，展会对品牌的要求比较宽泛。为了保证参展品牌的丰富性，展会会吸纳不同档次、不同风格以及不同类别的品牌参与，从而为时尚买手提供更为广阔的选择空间。

◎ 东京 Rooms 展会现场

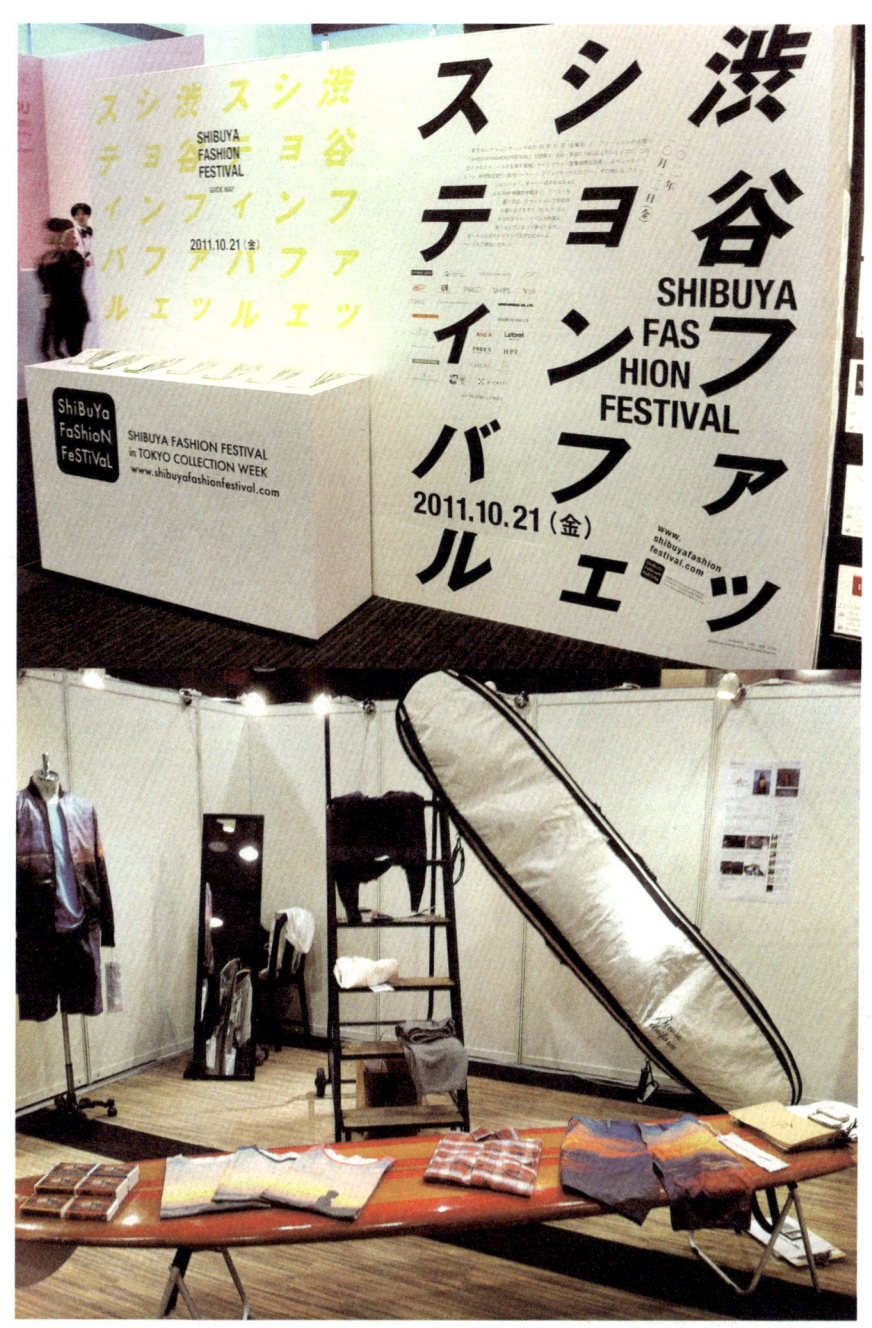

◎ 东京 Rooms 展会中的品牌展区

◎ 柏林展会现场

在时装周期间，时尚买手会根据自身的需求、经验以及时间安排，权衡前往哪些展会。展会的优势在于，它就如同一个庞大的资源库，只要时尚买手经验丰富，就很有可能从中挖掘到一些新兴的、有发展前景的年轻品牌。另外，这也是一个难得的可以与设计师有更好的交流的机会。

对品牌方来说，展会的收费相较于Showroom通常更为亲民，不过展会为品牌方和买手等参与者提供的服务则往往不如Showroom提供的周到。品牌方通常需要派遣设计师或指定人员亲自到展会现场布置展位、接待来访者。对于刚刚涉足时装周的年轻品牌而言，参加展会往往是他们的首选。这样做不仅有助于节省成本，更是一个宝贵的学习机会，让他们能够在实践中积累经验。此外，由于在这里，设计师能够直接与买手进行面对面的交流，对年轻品牌来说，展会也成了他们积累买手资源、拓展商业网络的绝佳场所。

LOOKBOOK 和 LINE SHEETS 的作用

◎ Lookbook

Lookbook（穿搭图册）与 Line Sheets（订单表）是品牌方在时装周期间为促成订货而精心准备的核心产品资料。

品牌通过制作独具匠心的 Lookbook，全方位地展示单品的细节与搭配的艺术。Lookbook 可以为时尚买手提供一个清晰、直观的视角，以便其快速了解产品各个系列背后的设计理念与风格特色。

而 Line Sheets 作为买手订货时的价格参照表，包含了产品的详细信息，相当于"订货指南"。在这份详尽的表格中，买手可以一览无遗地看到产品的品号、材质、尺码、订货价等关键信息，这些信息可以帮助买手根据自身需求做出订货决策。同时，Line Sheets 上一般还标注了产品交货时间、品牌及订货方的账户信息等重要内容，这些信息有助于买手顺畅、高效地完成订货流程。

一般而言，Lookbook 会以 PDF（便携文件格式）的形式呈现，便于买手随时查阅与分享；而 Line Sheets 则以电子表格的格式呈现，方便买手进行产品筛选、数据填充、金额统计。以下是一个欧洲品牌的 Line Sheets。

◎ Line Sheets 案例

		www.chaopai.com info@chaopai.com sales@chaopai.com							"XXXXXXX" is XXXXXX 07026 OLBIA (SS) - ENGLAND MOBILE: P.IVA / VAT NUMBER: XXXXXXXXXX			
ORDER:	DATE:							Collection: AW22				
Agent:	Bill to:			Ship to:				Ship date:				
								Cancel date:				
Payment method				Comments:				Total qty:		Total amount:		
								9				675.00 €
				29 X Small	30 Small	31 Medium	32 Large	33 X Large	TOTAL	WHOLESALE	RETAIL	SUM
STYLE No	STYLE NAME	MATERIAL	FABRIC COLOUR									
AW22_01	BAND HOODY	100% COTTON	NAVY						0	€ 45.00	€ 120.00	0
AW22_02	BAND HOODY	100% COTTON	BLACK						0	€ 45.00	€ 120.00	0
AW22_03	BAND SHIRT	100% COTTON	BROWN	1	2	2			5	€ 75.00	€ 180.00	375
AW22_04	BAND SHIRT	100% COTTON	BLACK		1	2	1		4	€ 75.00	€ 180.00	300
AW22_05	BAND T-SHIRT	100% COTTON	NATURAL						0	€ 21.00	€ 48.00	0
AW22_06	CRYSTAL HOODY	100% COTTON	GREY						0	€ 53.00	€ 130.00	0
AW22_07	CRYSTAL SHIRT	100% COTTON	DARK BLUE						0	€ 75.00	€ 180.00	0
AW22_08	CRYSTAL SHIRT	100% COTTON	PINK						0	€ 75.00	€ 180.00	0
AW22_09	CRYSTAL VEST	100% COTTON	NATURAL						0	€ 80.00	€ 190.00	0
AW22_10	DIRTY BOOTS PANTS	100% COTTON	BROWN PATTERN						0	€ 80.00	€ 180.00	0

时尚买手常用英文词汇一览

boutique：精品店
brand：品牌
contemporary style：当代风格
dress code：出席活动时的着装要求
DRP（dealer retail price）：经销商零售价
FOB（free on board）：离岸价
haute couture：高级定制
JFW（japan fashion week）：日本东京时装周
LFW（london fashion week）：伦敦时装周
limited edition：限量款
Line Sheets：订单表
markup price：销售价
MFW（milan fashion week）：米兰时装周
minimum order：最小起订量
multi-brand store：欧美人常用的买手店的说法
OOS（out of stock）：无库存
order：订单
OS（one size）：均码
PFW（paris fashion week）：巴黎时装周

pre-fall：早秋
retail price：零售价
RRP（recommended retail price）：建议零售价
RTW（ready to wear）：成衣
sample：样品
sample sale：样品促销

select shop：日本人喜欢用的买手店的说法
SKU（stock keeping unit）：最小库存单位
unisex：男女都可以穿（也指一件衣服可以双面穿）
wholesale：批发

The Journey of
Becoming a Fashion Buyer
时尚买手之路

4

时尚买手的
必备技能

ESSENTIAL SKILLS
FOR FASHION BUYERS

- 基本能力
- 掌握流行趋势
- 制订订货计划
- 制订订货预算
- 确定选品方向
- 熟知订货流程（境外品牌）
- 了解订货条款
- 选择最优汇款方式
- 计算订货成本
- 进行商品定价

"常有粉丝问我,要成为时尚买手需要学习哪些知识。对此,我的回答是:学习的范围越广越好,每一类知识都有其独特的价值。而且,无论是买手、设计师,还是厨师,从事这些和创意相关的职业,都需要有天分。"

The Journey of
Becoming a Fashion Buyer
时尚买手之路

基本能力

天分，是一种与生俱来的感知力、悟性和敏感度，它让人在茫茫人海中脱颖而出，与众不同。

在某个领域有天分的人，学习与该领域相关的各种技能时，不会觉得这是一项枯燥无味的任务，而会觉得这是一个不断挖掘自己的才华、获得成就感的过程，是一种享受。他们能清晰地感知自己的喜好和优势所在，仿佛有一种神秘的力量在推着自己前行。

想要成为时尚买手，除了天分，还要具备以下基本能力。

审美

审美作为时尚买手的核心素质,其重要性不言而喻。然而,对审美的培养并非一蹴而就,审美也很难通过学习课本上的知识来提升。提升审美的最佳途径莫过于从小开始,逐渐在生活的点滴中积累对美的感知力。

那些遗憾地错过了早期审美培养机会的人,或许会心生疑虑:长大后是否还来得及提升审美?答案当然是肯定的,只要怀揣着想改变的心。

提升审美的方式多种多样。比如,可以经常造访美术馆和画廊,多看高质量的戏剧,大量浏览设计、时尚、艺术类的书籍,还可以多关注内容有品质的时尚类网站和社交媒体上的信息。

此外,旅行也是一种很好的提升审美、开阔眼界的方式。不要把逛景点当作旅行的目的,而要多感受当地的风土人情,各式建筑的特色,不同国度的服饰文化,遍布在时尚都市中的街头艺术,这些都有助于人提升审美。

掌握时尚行业相关知识

时尚买手这一职业要求从业者尽可能多地涉猎品牌打造、零售运营、服装加工制造、市场营销等多方面的知识。具备这些知识可以彰显一个买手的专业素养，也有助于买手应对工作中遇到的各种挑战。

时尚买手之所以具备较高的职业门槛，是因为它并非仅凭一纸证书或死记硬背便能轻松胜任的职业。从事这一职业需要有丰富的知识储备，需要成为一名"全能选手"。因此，在时尚行业中担当过多种角色，历经过不同职业历练的人，往往更能胜任时尚买手这一角色。

有人可能会疑惑，为何时尚买手需要了解服装加工制造方面的知识。这是因为，时尚买手虽然不必亲自涉足制造业，但一定要掌握一些服装加工领域的基础知识。比如，了解针织与梭织在加工工艺上的差异，哪个地区擅长制造哪种产品，等等。这些知识有助于买手在与品牌沟通时，更准确地判断产品的品质，洞察产品的定价是否合理。

调研和沟通能力

调研和沟通能力对时尚买手的日常工作至关重要。时尚买手在工作过程中需要进行大量的品牌调研，迅速捕捉最新的时尚资讯，并具备辨别信息真伪的敏锐眼光。尤其是在接触新品牌时，买手需要善于利用多种渠道来搜集品牌信息，以确保对品牌的认知既全面又准确。

沟通在时尚买手的工作日常中无处不在，了解品牌的核心设计理念，洽谈订货事宜，讨论合作条件，在时尚活动上进行社交，这些都离不开沟通能力。具备优秀的沟通能力不仅有助于买手高效地解决问题，更有助于买手维系与各方之间的良好关系。例如，当收到的产品有质量问题时，通过巧妙的沟通，品牌方可能会积极配合买手，共同解决问题；若沟通不当，双方可能会关系紧张，合作也可能难以继续。

语言能力

能用外语沟通无疑是时尚买手不可或缺的技能。在与外国品牌合作时,与外国人充分交流、做好信息同步至关重要,其中英文沟通占据了主导地位。另外,掌握多种语言对时尚买手来说更是一种优势。例如,我曾遇到过一些不太擅长说英语的日本设计师,而我能够用日语与他们沟通,这使他们倍感亲切,并能让他们更自在地介绍品牌特色和设计理念。尽管现在有很多翻译软件,但人与人之间的直接交流始终比通过翻译软件交流来得亲切和自然。

掌握
流行趋势

　　流行趋势的范畴远不只是流行色和流行款式那么简单。许多专业网站致力于深入研究流行趋势，网站的专业人员会综合考虑国际政策、社会形势、经济状况、时尚产业动向、原材料供给、新技术开发、生活理念以及消费习惯等因素，对下一季乃至下一年的流行趋势进行详细预测。因此，刚入行的时尚买手若想更好地掌握流行趋势，大量阅读这些网站上的专业资料无疑是一个极佳的途径。不过，这些内容通常需要支付一定的费用才能获取。而对于资深买手而言，他们往往已经建立了一套独特的预测流行趋势的方法。他们会利用经常访问的时尚网站、社交平台、搜索引擎以及人工智能工具等监测时尚行业的种种变化，搜集、整理和分析相关信息，本着"看本不看表"的原则，形成自己对于未来流行趋势的独到见解。

◎ 影响流行趋势的因素

制订
订货计划

订货计划的制订需要围绕店铺调性、消费者画像来进行。当买手店经营了一段时间后,买手可以利用销售数据,更精准地制订订货计划。

订货计划的制订还与买手店实力有关。大型买手店往往能够容纳数十个乃至上百个品牌的产品,其选品的空间更大。而小型买手店可能只能容纳数个品牌的产品。有的买手店专注于经营女装,有的则专注于男装,还有的是男女装都有。这些无疑在很大程度上决定了买手要参加哪个时装周,以及一年要跑多少个时装周的问题。参加四大时装周和参加本土时装周,从成本上就有着巨大的差异,比如交通、住宿、订货的成本都不一样,这些都会影响订货计划的制订。

◎ 上图为小型买手店，下图为大型买手店

许多刚刚经营买手店的买手可能没有机会参加四大时装周，这也没关系，可以先从参加本土时装周开始，逐步积累订货经验和品牌资源，为迈向四大时装周的舞台奠定基础。

影响订货计划的因素

总的来说，影响订货计划的因素可以分为内部因素和外部因素两类。

影响订货计划的内部因素通常体现在买手店的经营层面。除了上面提到的店铺调性、买手店实力等因素外，还有一些内部因素会影响订货计划的制订。例如：资金短缺问题可能会严重影响买手店的运营和订货计划；上个季度的销售数据不佳，可能会导致资金回流缓慢，从而影响买手店接下来的订货计划。

外部因素方面，市场环境的变化可能迫使买手店调整原有的发展战略，以适应新的市场需求；恶性竞争的加剧以及品牌方策略的调整也可能对买手店的订货计划产生重大影响。此外，气候异常或自然灾害可能导致物流受阻，进而影响商品的到货时间，这会对商品的销售和买手店接下来的订货计划产生影响。而消费者消费习惯的改变同样不容忽视，它可能直接影响市场需求，迫使买手店重新调整订货计划甚至是经营方向。

综上所述，无论是买手店资金短缺、销售情况不佳，还是市场环境改变、品牌方策略变动及消费者习惯改变等，这些因素都会导致买手店订货计划的改变。买手作为连接买手店与品牌方的关键纽带，需要具备良好的沟通技巧，不仅要能够与品牌方保持良好的合作关系，确保双方关系的可持续性，更要能够在必要时向品牌方准确、有效地传达买手店暂停订货的原因，使品牌方能够理解并接受这一决策，为未来的合作保留资源。

制订
订货预算

经营买手店的时间越长，买手累积的销售数据就越丰富。这些数据无疑可以为买手制订订货预算提供极大的帮助。通常，买手会根据销售数据逆向推算出订货预算，以确保订货数量既不冗余，也不至于短缺。

在制订订货预算的过程中，店铺面积和租金成本是两项不可忽视的关键因素。同时，除了货品成本以外的订货成本也是不可忽视的开销。买手店的利润率远远低于专卖店，所以控制成本是经营买手店时很重要的一环。

对于经验丰富的买手而言,他们能够根据消费者画像以及消费者购买习惯、销售数据来设定较为精准的不同价位产品的组货比例。很多买手想知道这个比例的设定是否有通用的技巧。虽然目前为止没有人去收集和整理众多买手店的组货比例和销售数据,来做真正的数据分析,但我会在接下来的买手课程中和大家分享我的经验。感兴趣的朋友可以扫描下方的微信二维码,来获取关于课程的信息。

确定
选品方向

对买手店来说，先确定店铺调性，然后才能确定订货计划和订货预算，再确定选品方向。就如同你要先知道自己想吃什么，才能知道在什么范围内选择餐厅一样，要先明确订货计划，才能去挑选合适的展会以及 Showroom，因为不同的展会和 Showroom 的定位是不一样的。这个挑选的过程能够体现时尚买手的经验，因为买手的精力是有限的，在时装周期间更是如此，只有去过不同的展会和 Showroom，积累了大量的经验，才能逐渐对各个展会和 Showroom 的风格、特点有自己的判断，最终建立一个属于自己的资料库，根据自己的需求，快速锁定合适的展会和 Showroom。

确定选品方向不仅有助于买手在有限的预算内明确订货的品牌和订货数量,更能有效地树立买手店形象,使消费者能够清晰地记住买手店的特色和调性。此外,这也有助于提升品牌方对买手店的认可度。对品牌方而言,买手店所经营的品牌类型是他们选择合作伙伴时的重要考量因素。品牌方通常会通过了解买手店目前经营的品牌来判断双方的风格是否契合。

熟知订货流程（境外品牌）

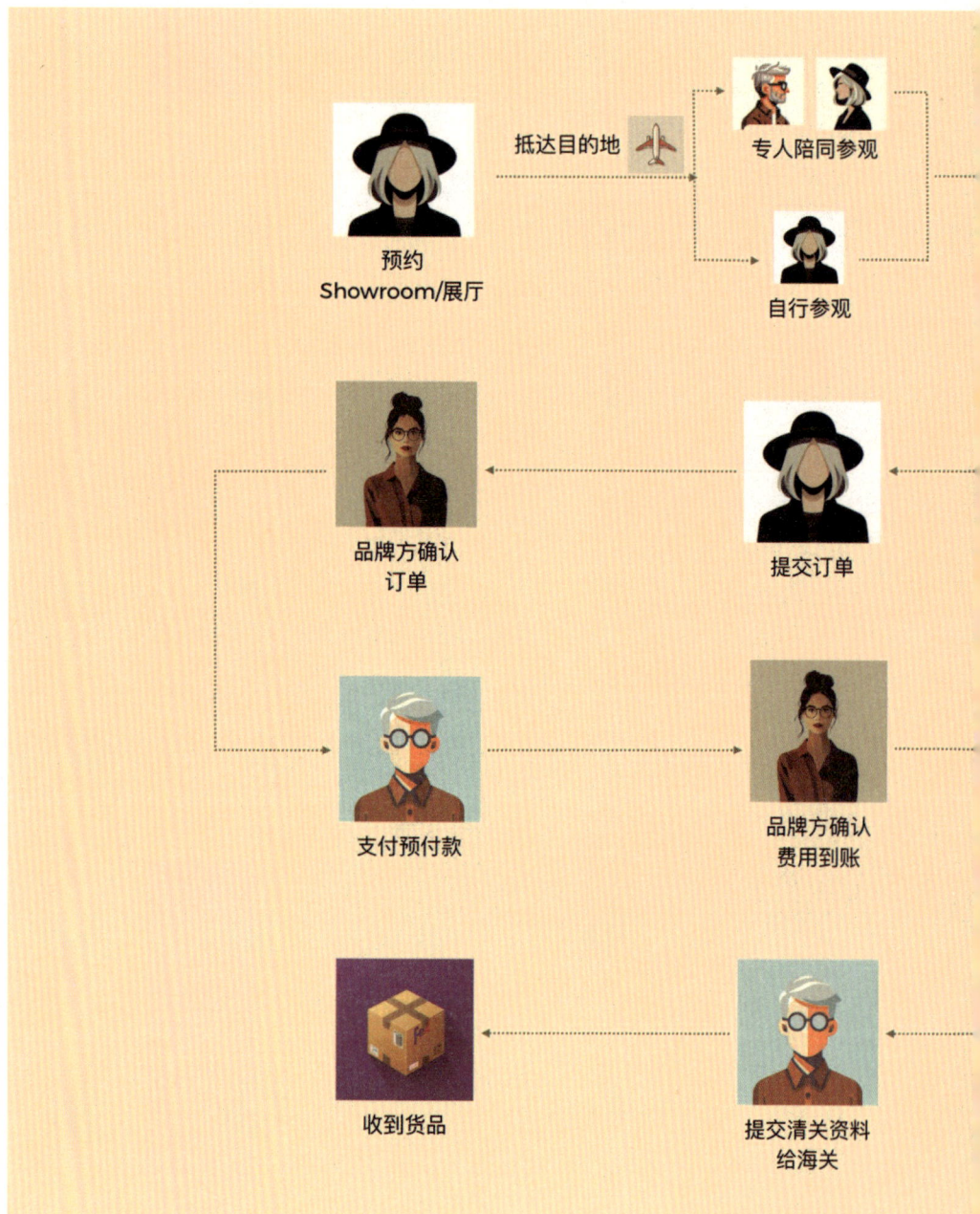

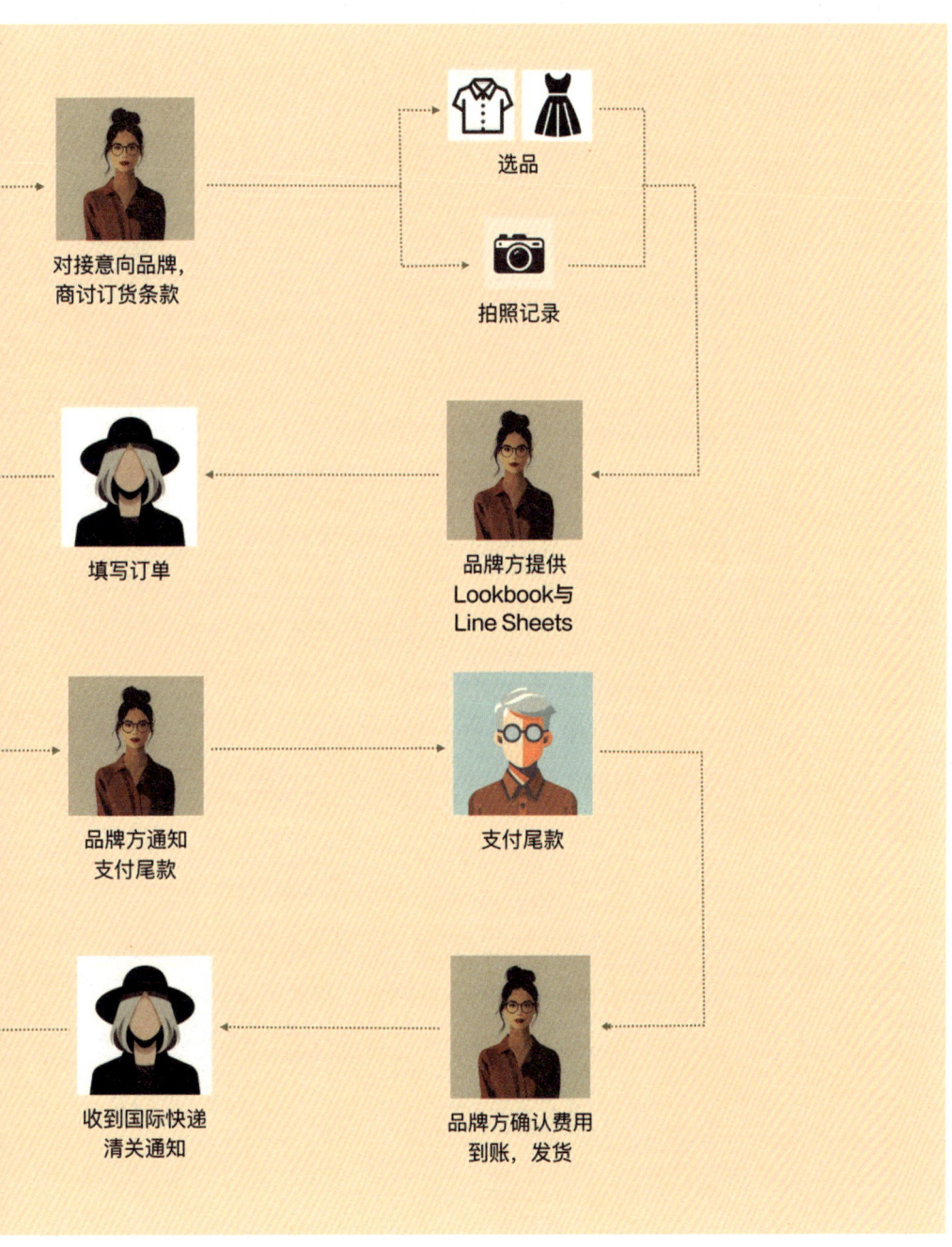

了解
订货条款

时尚买手需要了解订货条款中的细则。

贸易条款（TRADING ARRANGEMENT）

品牌方在与不同买手店合作时，通常会灵活地采取多种合作方式以满足各方需求。其中，最为常见的两种合作方式是订货制和寄售制。

采用订货制（order-based system）时，品牌方先与买手店达成明确的订货协议。在双方确认订单后，买手店需先支付订货款的一部分作为订货保证金，待品牌方完成产品生产并准备发货时，买手店再支付剩余的款项。这种方式有助于品牌方提前做好生产规划，保证资金的流动性，同时也使买手店的货源有了保障。

而寄售制（consignment selling）则是一种更为灵活的合作模式。在此模式下，买手店无须预先支付货款，而是在产品销售完毕后再与品牌方结算。换季时，若产品还有剩余，买手店可以在双方沟通确认后将剩余产品如数退还给品牌方，但需要保证产品没有任何破损。这种合作方式有助于买手店降低经营风险，也有助于初创品牌更快速地拓展销售渠道。目前在内地市场，寄售制通常出现在与本土品牌合作的过程中，境外品牌由于供应链建设的问题，无法支持上面这种快速返单的模式。

订单额（VOLUME OF ORDERS）

大部分的品牌会设置订单的起订额，这一标准不仅反映了品牌的市场定位和产品策略，也能体现品牌对买手店水准的要求。

年轻品牌的起订额通常设置得比较低，有些品牌在初创阶段甚至不设起订额。因为年轻品牌更侧重于拓展市场，建立广泛的合作关系，所以他们期望通过设置比较低的订货门槛与更多的买手店先建立合作，再逐步从中筛选出适合自己的合作伙伴。

知名品牌一般对起订额的要求比较高。在欧洲市场，3000 欧元左右的起订额被视为正常水平，而一些知名度相对更高的品牌的起订额会在 5000 ~ 8000 欧元。这反映了知名品牌在市场中的强势地位和品牌的高附加值，也体现了品牌对合作买手店的选择标准和市场策略。

折扣（DISCOUNTS）

针对一般的买手店，品牌方通常不会提供订货折扣。不过，针对大型百货公司或知名的买手店，品牌方往往会给予一定的订货折扣。这种折扣的给予并非随心所欲，而是品牌方经过深思熟虑后做出的决策，旨在平衡市场布局和维护客户关系。

值得注意的是，品牌方自己是否经营 Showroom 会影响折扣的幅度。如果品牌方选择利用时尚公关公司运营的 Showroom 完成订货，由于涉及更多的中间环节和费用，品牌方能够提供的折扣空间就会比较有限。

如今，有些本土品牌虽然也参与时装周的订货活动，希望与买手店建立合作关系，但采用的折扣方案依然是传统的以订单额为标准设定折扣。这种现象体现出品牌方对买手店的经营逻辑不够了解。买手店的经营并非依赖某一个品牌的销量，而是在一个明确的调性下，通过精心挑选多品类、多品牌的产品，将它们组合起来，创造出店铺独有的特色。买手店的魅力之一就是经营的品牌数量多，品类丰富，所以每个品牌的订单额往往有限。所以根据订单额来设置订货折扣是国际上不推崇的订货形式，它会在无形中影响买手店订货的客观性。相信随着市场的不断成熟和品牌经营理念的成熟化，这种以订单额为标准设定折扣的模式也将发生改变。

付款方式（PAYMENT TERMS）

订货后，大部分品牌方会要求买手店采用先付预付款、后付尾款的支付方式来完成付款流程。

买手店在确认订单后，一般先支付30%的预付款作为订货保证金，在货品可以发货前，品牌方会通知买手店支付尾款，品牌方在收到尾款后才会发货。

发货条款（DELIVERY TERMS）

买手在与品牌方沟通发货条款时，需要明确运费的承担方。通常，买家需要承担货品的运费、清关费以及关税等附加成本。不过，初次合作时，买手还是可以把握机会，与品牌方进行交涉。

发货时间（DELIVERY DATES）

在订货过程中，买手务必要对发货时间保持高度关注，因为部分货品款式具有鲜明的季节性，到货时间过晚，可能导致错过最佳销售时机，影响买手店的业绩。所以买手在订货时必须与品牌方明确约定发货时间，以及延迟交货时品牌方应如何赔偿等条款。这些条款应详细规定延迟交货的定义、赔偿方式及赔偿金额等，以确保出现问题时双方能够迅速、有效地解决纠纷，保护双方的权益。

特殊诉求（SPECIAL REQUIREMENTS）

订货过程中，若买手有任何特殊诉求，务必提前告知品牌方，以避免后续可能出现的问题。例如，如果收货地址可能发生变化，那么需要在订货时就明确告知品牌方，并要求其在发货前务必与买手确认收货地址。这样可以确保货物能够准确无误地送达指定地点，避免因地址错误而导致的一系列问题。

选择最优汇款方式

目前，买手店办理进口业务时，最常采用的汇款方式为电汇（telegraphic transfer，简称T/T）。电汇是指银行应汇款人的申请，采用电信手段将电汇付款委托书给汇入行，指示解付一定金额给收款人的一种汇款方式。买手店付款时，常常会分两次支付货款，分别是预付款和尾款，预付款的比例通常是货款总金额的30%，尾款为70%。只有当买手店将货款全部通过电汇支付给卖家后，卖家才会发货。这种汇款方式不仅操作起来便利、速度快，而且安全，不过买手店需要承担一定的汇款手续费和可能出现的汇差损益。

计算
订货成本

订货成本是由多个要素构建而成的综合性费用。具体来说，它主要包括货品成本，即购买商品所需支付的总金额；采购成本，包含从运输到清关等一系列环节中产生的费用，如运费、关税和清关费用；此外，还有差旅费，指为了完成订货交易而出差所花费的费用；最后是其他成本，包括订货过程中可能产生的各种意外支出或附加费用。简而言之，订货成本的算法如下所示：

订货成本 = 货品成本 + 采购成本（运费 + 关税 + 清关费用）+ 差旅费 + 其他成本

进行商品定价

品牌方通常会为买手店提供一个建议销售价作为定价参考。然而，由于买手店的所在地不同，每个国家和地区的关税政策、经营成本都有所不同，商品运输所产生的费用也不同，因此买手需要根据实际的订货成本，并结合品牌方提供的建议销售价，来为商品设定适合自己店铺的销售价格。

在国际上，定价一般是按照商品订货成本的2.5～2.8倍来设定。然而，由于内地的进口成本相对较高，所以商品的定价可能会在订货成本的2.8～3倍之间。

但是，商品定价的倍率并非一成不变，买手还需要根据商品的款式、质地以及所呈现出的价值来综合考虑。有些商品如果只根据上面说的倍率来定价，可能会导致商品售价过高进而影响其销量。在这种情况下，即便利润低，买手店一般也会选择较低的倍率来定价。

The Journey of
Becoming a Fashion Buyer
时尚买手之路

关于
买手店

ABOUT THE
MULTI-BRAND STORE

- 买手店是什么？
- 为什么说买手店是设计师品牌的摇篮？
- 买手店经营方式的改变
- 买手店和专卖店的区别
- 买手店在内地市场的演变
- 全球最具代表性的买手店

"买手店这一独特的，包含了趣味、灵感与创意的购物空间，能够为消费者带来有别于专卖店的购物体验。"

The Journey of
Becoming a Fashion Buyer
时尚买手之路

买手店
是什么？

买手店的店铺设计往往别出心裁，店内选品丰富，服饰的款式和风格多样，能让走进店内的人感觉犹如置身于服饰博物馆一般。那些很多人可能说不出品牌名字的商品，因为精美的陈列而变得格外引人注目。

买手店已经存在了很多年，不过最早的买手店是哪一家，至今仍是一个难以解答的问题。我利用很多工具查找了不少资料，有人说第一家买手店是英国的一家叫作 Slade 的店铺，但经过研究，我发现它实际上是一家艺术机构而非买手店。抛开哪一家店铺是最早的买手店不说，不可否认的是，创建于 1875 年的英国百货公司利伯缇（Liberty）在其创建早期便有了买手店的雏形。尽管它最初是一家商品涵盖衣食住行的百货公司，但与众不同的是，那些琳琅满目的商品都是由采购人员精心挑选来的，这与现在买手选品的模式颇为相似。

随着时间的推移，利伯缇中的时尚品类逐渐丰富，它也慢慢成了时尚圈中颇具调性的买手型百货公司之一。

如今，带有买手店属性的百货公司在英国、法国、日本和中国等地屡见不鲜，它们都拥有自营的选品区。不过，像连卡佛（Lane Crawford）、巴尼斯纽约精品店（Barneys New York，简称Barneys）这样纯粹的大型买手店始终是凤毛麟角。这些大型买手店拥有雄厚的资金支持，始终专注于经营全球最顶尖、最具影响力的设计师品牌。

买手店真正进入亚洲市场大约是在20世纪70年代。到了20世纪90年代，买手店开始在亚洲受到广泛关注，数量也迅速增加。那时我正在东京留学，闲暇之余，我时常漫步在涩谷大街、代官山、惠比寿、原宿、新宿等地，那里的买手店琳琅满目，多到让人有一种永远都逛不完的感觉。它们如同一本本立体的时尚刊物，里面的每一件商品都有被挑选的理由。对消费者来说，购买这些商品买到的不仅仅是商品本身，还有情绪价值。

20世纪90年代的日本，时尚杂志种类繁多且人气爆棚。每本杂志的定位都很明确，各个年龄段、性别和有不同爱好的人，都能

◎ 杂志中的日常穿搭

从中找到适合自己的那一本。杂志社会拍摄一系列养眼的时尚大片与实用的日常穿搭美照，并在每一组照片的下方详细标注出照片中出现的单品的品牌、价格等信息，为读者提供便捷的购物指南。我非常敬佩日本媒体人的敬业，以及他们敏锐的眼光和高超的搭配技巧。他们只做自己该做的事——挖掘好的商品和优秀的店铺，通过展示时髦且实用的搭配，为商品和店铺做宣传，使店铺的生意更加红火，同时提升读者的审美。在这种市场环境中，买手店只需要做好定位和选品工作，不用担心店里的好东西没法被发现。这种良性的市场环境，使得买手店得以生存和蓬勃发展。

为什么说
买手店是
设计师品牌的摇篮？

买手店主理人通常对店铺的空间设计与商品陈列要求比较苛刻，他们致力于在有限的空间内打造出可以让众多商品争奇斗艳的环境。很多买手店通过长期的经营，逐渐累积起一批忠实的顾客，主理人与顾客之间的关系就犹如家人、朋友一般亲密。

对于设计师品牌而言，进驻买手店不仅能节省开店所需的高昂成本，买手店的订货还能为他们提供宝贵的资金上的支持。大部分设计师品牌经济实力有限，订货对他们来说是最重要的收入来源，同时，买手店支付的预付款可以帮助设计师品牌减轻生产产品时的资金压力。因此，大部分设计师品牌会选择通过买手店销售产品。

买手店为了更好地销售，会自发地为店铺以及经营的品牌做宣传推广。有实力的买手店会运营自媒体账号，还会邀请KOL进行探店活动。此外，买手店的店员会进行专业培训,力争熟知各个品牌的特色,为顾客提供准确的产品信息。这些行为都有助于提升品牌的知名度。

◎ 巴黎柯莱特时尚店(Colette)陈设

◎ 巴黎买手店 Merci,
卡骆驰(crocs)活动

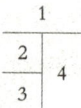

◎ 1.NCSPACE 方家胡同店 FOB PARIS 快闪活动
2.NCSPACE 方家胡同店线下香薰活动
3.NCSPACE 方家胡同店线下创意工作室 Lantos Studio（蓝多士工作室）活动
4.NCSPACE 方家胡同店线下日本牛仔裤品牌 caqu 快闪活动

◎ NCSPACE 交道口北三条店意大利品牌快闪活动

买手店
经营方式的
改变

最近几年，内地买手店的经营迎来了一次颠覆性的变革，许多新颖的经营模式应运而生，不少本土品牌迅速崛起。其中，很多本土品牌凭借从品牌创建之初就搭建起的完善供应链构架，以及内地强大的物流体系，采用寄售制应对困境。在这个充满挑战的时代，买手店采用寄售制能有效降低资金压力和库存风险。

然而，寄售制并非适用于所有品牌。这种模式要求品牌方能够建立起一套完善的线上线下统一售价体系，而且能够实现随时补货。因此，对于一些需要提前定制面料，产品工艺复杂且产量不高的设计师品牌来说，与买手店采用寄售制的方式合作是一大挑战。因此，尽管采用寄售制能在一定程度上缓解买手店的资金压力，但在与品牌方的合作中，传统的订货制依然占据着主导地位。

目前，本土品牌的生产加工能力有所提升，且人力成本相对于境外仍然偏低，因此产品的性价比优势愈发凸显。这一现象与20世纪90年代日本本土设计师品牌的崛起颇为相似。当本土设计和生产力量逐渐壮大时，也是本土买手店崛起的最佳时机。

进入电商时代后，买手店不仅要经营实体店铺，还需拓展线上业务，运营自媒体账号。买手店可以通过在账号上发布穿搭和有创意的内容，与粉丝建立紧密的联系。我相信，未来，买手店的经营方式会越来越多样化，更多新颖的方式将不断涌现。作为时尚买手，我们只能在实践中不断学习，适应时代的变迁，才能在这个充满挑战与机遇的时代中立足。

买手店
和专卖店的
区别

买手店与专卖店在理念、选品、消费者购物体验、价格以及退换货条款等方面均存在着不同。

首先,买手店一般聚焦于小众设计师品牌,致力于为消费者呈现多样化的产品选择。相较于专卖店,买手店内的产品更考验消费者的搭配能力,但这也为时尚度高、对搭配有独到见解的消费者提供了更广阔的选择空间。而专卖店则专注于销售单一品牌的产品,建立统一、完整的品牌形象。

其次,在选品方面,买手店与专卖店同样存在差异。即使买手店选择了引进专卖店品牌,但在选品上,买手店会根据自己店铺的调性和风格去挑选专卖店品牌的个别单品,而且通常挑选的是更加有设计感的单品。而专卖店则需要根据品牌方制订的统一上货标准进行铺货,确保产品系列的完整性。

◎ 买手店

◎ 专卖店

此外，位于不同国家和地区的相同品牌的专卖店中销售的产品会因为地域文化的差异而有所不同。

在购物体验方面，买手店与专卖店各有千秋。买手店能够让消费者在购物过程中发现更多新品牌和更多有特色的款式，以丰富的产品种类和多样化的风格吸引大量想追求差异性和个性化的时尚爱好者，而专卖店则以其专注、专业的品牌形象，为消费者提供了更为便捷、高效的购物体验。

在价格方面，专卖店作为品牌自营店，往往享有最低的进货折扣，因此在定价上具有较大的自主权。而买手店的订货成本相对较高，定价时还需要参考专卖店的售价，因此在价格上没有优势。不过，买手店可以通过独特的选品和优质的服务，为消费者提供与众不同的购物体验，这可以在一定程度上弥补价格上的劣势。

最后，在退换货条款方面，买手店由于经营模式和库存因素，无法承担因个人原因造成的退换货。这要求消费者在购物时更加仔细，先了解买手店的经营特点，当面检查确定产品没有问题后再购买。而专卖店的退换货政策相对更加灵活，因为有充足的库存，专卖店一般可以更方便地为消费者提供周到的退换货服务。

买手店在
内地市场的演变

在亚洲,买手店模式自20世纪70年代开始在日本崭露头角,80年代在中国香港落地生根,走进内地市场则要追溯至2010年前后。我清晰地记得,自2011年,中国服装协会举办第一届中国服装买手论坛之后,买手店这一模式才算是真正走进了内地市场。买手店在内地快速发展的诱因,是上海时装周、中国国际时装周有了新品发布会、订货会等有助于设计师品牌实现商业化运作的体系。这两个时装周的最大优点在于能为本土设计师品牌提供更具本土特色的订货环境和配套服务。在这里,语言不再是障碍,人与人之间的交流更加顺畅,买手店的订货成本也相对较低。

在过去的十年间,内地消费者的需求发生了巨大变化,同时,本土设计师品牌在产品工艺上的日益成熟也促进了整个时尚行业的进步。以前,内地消费者可能更多的是在商场、百货公司和专卖店购物,但随着到日韩、欧美等地旅游人数的增加,

越来越多的出游者接触到了在当地早已普及的买手店。特别是在日本和欧美，充满特色的小店遍布大街小巷，在那里，出游者很难遇到重样的商品。虽然出游者可能对买手店中的那些小众设计师品牌的名字感到陌生，但他们总能在其中找到符合自己喜好的，设计独特又实穿的，价格也合理的商品。长此以往，出游者很容易对商场和百货公司里那些千篇一律的商品感到厌倦，变得更愿意去探索那些既有调性又不乏个性的买手店。

繁荣本土买手店业态的关键在于打造足够多的优秀本土设计师品牌，以及不同定位、不同选品风格的买手店。目前内地的买手店全部加起来也仅仅和东京一个城市的买手店数量相当，品质也有差距。随着消费升级，内地市场对买手店的需求将日益扩大。所以，我非常鼓励内地的每一个买手店主理人都能保持自家店铺的独特性，避免抄袭和模仿。买手店的魅力就在于它的差异性，只有当越来越多的创新型买手店横冲出世时，买手店存在的意义才能真正体现。

◎ 上海时装周

◎ 中国国际时装周

1	3
2	4

◎ 1. 伦敦的买手店
    2. 代官山的买手店
    3. 原宿的买手店
    4. 巴黎的买手店

全球
最具代表性的
买手店

L'Eclaireur，法国巴黎

L'Eclaireur 的中文意思是先锋、侦察兵。在巴黎众多的买手店中，L'Eclaireur 是一个不小的传奇。1980 年，阿尔芒·哈迪达（Armand Hadida）和他的妻子在香榭丽舍大街一间仅有 28 平方米大小的地下室开设了一家艺术画廊，之后这家艺术画廊逐渐转型成一家集时尚、设计和生活方式于一体的买手店。该店铺设计超前，选品前卫，除了位于香榭丽舍大街的店铺之外，还在巴黎各区开设了多家分店。每家店铺的装修风格都截然不同，我个人更偏爱位于码黑区的店铺。

◎ L'Eclaireur 码黑区店

◎ L'Eclaireur 香榭丽舍店

Colette，法国巴黎

在巴黎赫赫有名的"奢侈品街"上，曾有一家买手店以其独特的魅力吸引了无数时尚达人的目光，它便是巴黎柯莱特时尚店（Colette）。它创建于 1997 年，与路易威登、迪奥等世界顶级奢侈品牌的专卖店毗邻而居。然而，在 20 年后的 2017 年，这家买手店却黯然关闭了。萨拉·莱费尔（Sarah Lerfel），一位传奇女性，是 Colette 背后的精神领袖。她以我行我素的做事风格和独特的品位，成了时尚圈中令人无法忽视的存在。

10 Corso Como，意大利米兰

珂思珂摩（10 Corso Como）是一家意大利买手店，创立于 1990 年，这家独具魅力的买手店坐落于意大利时尚之都米兰的心脏地带。它的创立者是富有传奇色彩的画廊创办人和出版人卡拉·索扎尼（Carla Sozzani），她曾担任意大利版 *Vogue* 特刊的主编，更亲手创办了意大利版 *ELLE*，是当之无愧的潮流引领着。

10 Corso Como 不仅仅是一家买手店，更是一个融合了艺术、生活方式以及餐饮的多元化空间。从外面看，它像是一个低调而不起眼的门洞式花园，一旦踏入其中，便会发现这是一个充满惊喜的奇妙世界。店铺内部仿佛一个无尽的迷宫，让人在初次探访时总是不禁发出"这里还有呀"的惊叹。

◎ 10 Corso Como
米兰店店面

二楼的画廊更是艺术爱好者的"圣地",那里经常举办各种艺术展,为城市的文化生活增添了亮丽的色彩。而位于店铺前的那个拥有玻璃屋顶的咖啡厅和餐厅,则如同一个充满阳光的温室,让人在品尝美食的同时,也能享受到温暖的阳光。这样的设计理念在20世纪90年代无疑是很超前的。

2010年后,10 Corso Como先后在上海、北京开设店铺,但这些店铺后来都关闭了,这使得10 Corso Como的形象受到了不小的打击。创始人卡拉·索扎尼于2016年离世,这也使得失去了灵魂人物的10 Corso Como有些黯然失色,但它过去在时尚圈的影响力是不容置疑的,希望它有朝一日能重整旗鼓。

◎ 10 Corso Como 米兰店

Merci，法国巴黎

Merci在法语中是"谢谢"的意思，这家位于法国巴黎码黑区的买手店是时尚生活方式买手店的杰出代表。它由朋搏湾（Bonpoint）的创始人玛丽-弗朗斯·科昂（Marie-France Cohen）夫妇于2009年倾力打造，凝结了他们对时尚的独特理解和追求。对我来说，Merci不仅是一家买手店，更是一种生活态度的象征，它在我心中的地位无可替代。

Merci与传统的高端时尚买手店截然不同，它不盲目追求品牌的知名度，而是更注重商品的风格与品质。这里的商品低调而充满法式情调，处处彰显着实用性或实穿性的选品方针。Merci店内经常举办各种品牌的快闪活动，这一做法也与我在方家胡同的买手店NCSPACE的做法不谋而合，只可惜这种做法往往需要天时地利人和才能获得成功。

◎ Merci 店外和店内

Dover Street Market,英国伦敦

丹佛街集市(Dover Street Market)创建于2004年,这家由日本设计巨匠川久保玲精心打造的买手店,其名字源于伦敦那条闻名遐迩的丹佛街。高达六层的建筑的外观以伦敦已经没落的肯辛顿市场(Kensington Market)为原型,里面汇聚了川久保玲公司旗下的全线设计师品牌和全球顶尖设计师品牌的精品。在那里,平民市集与高级时装之间碰撞出了强烈的反差感与火花。

Dover Street Market是当前时尚圈最具话题性的设计师品牌的展示舞台。无数设计师品牌梦想能成为它的选品对象,更期待能与其联手打造联名款,因为这是他们快速崭露头角、走向成功的途径之一。

川久保玲曾说过一句令我十分有共鸣的话:"我渴望打造一个充满魅力的混沌集市,让来自各领域的艺术家在这里汇聚一堂,共同创作。那些个性鲜明的人,从四面八方赶来,共同谱写着时尚的华章。"这句话不仅道出了Dover Street Market的核心理念,更代表了无数时尚买手的心声。

© Dover Street Market
伦敦店

Browns,英国伦敦

布朗斯百货店(Browns)建立于1970年的伦敦,它无疑是世界知名买手店中的佼佼者。其创始人之一琼·伯斯坦(Joan Burstein)以独具慧眼和卓越的时尚品位著称,她还被英国女王授予司令勋章。诸多杰出的设计师都因她的慧眼识珠而在英国崭露头角。

我首次踏入Browns是在1997年,当时它置身于众多奢侈品牌的专卖店之间,以其独特的装修风格让我眼前一亮。窄而长的店铺空间内,汇聚了诸多当时备受时尚人士瞩目的小众设计师品牌的商品。这里不仅是一个购物的场所,更是一个充满创意与灵感的时尚圣地。

2015年,Browns被电商平台发发奇(Farfetch)收购。这一变革,象征着实体买手店在新时代的转型与升级。我认为,在未来,实体买手店必将与电商平台紧密结合,相互依存,共同发展。

◎ Browns 店外

Liberty,英国伦敦

　　这家创立于1875年的买手型百货公司坐落于伦敦繁华的摄政街与牛津街之间,最初因进口东方针织品和家具而声名远扬,被誉为"东方市场"。其标志性的木制建筑结构散发着独特的艺术气息。走进店内,顾客很难不被琳琅满目的商品所吸引。店里不仅有受欢迎的设计师品牌,还有极具民族特色的布料,时尚类、家居用品类、美妆类等商品一应俱全。这家店将古老与现代、传统与时尚完美融合,既年轻又稳重,让顾客仿佛置身于一个多元文化的交汇点,为顾客营造出一种穿越时空般的购物体验。

◎ Liberty 店外

◎ Liberty 店内

IF SOHO，美国纽约

　　这间于 1978 年开设的坐落在纽约苏豪区的买手店，被很多刁钻的纽约客评为品位最好的买手店之一，也是我到纽约必逛的买手店之一。店铺汇集了众多小众但高格调、高品位的以"暗黑系"为主的品牌，是全球最先代理保罗·哈恩登（Paul Harnden）等品牌的买手店之一。

　　主理人喜欢亲力亲为，年纪在 70 岁上下，我每次去逛店都能看到他在店里忙东忙西的身影。这让我不免想到了自己。其实，对于我们这些时尚买手来讲，触摸商品是一种享受，我们从不会把在店里工作当作一件辛苦的事，只要还能保持敏锐的眼光和对时尚的热情与活力，年龄不是问题。

◎ IF SOHO 店外

© IF SOHO 店内

Barneys，美国纽约

　　Barneys对年轻人来讲或许不是很熟悉，但它曾经是闪耀在时尚界的巨人。自1923年起，它便承载着无数设计师的梦想与荣耀。它曾是设计师竞相进驻的"圣地"，众多品牌在这里得到了前所未有的瞩目与追捧。无论是在纽约繁华的第五大道，还是在充满艺术气息的苏豪区，你都能捕捉到Barneys那独特的身影。

　　在美剧《欲望都市》中，Barneys频频亮相，成为时尚潮流的风向标。而在20世纪90年代初，它更是携手日本伊势丹百货勇闯日本市场。它的第一家分店在新宿东口傲然挺立，距离新宿的伊势丹仅约500米之遥。这座高达十层的大楼仿佛一座时尚的殿堂，每层都经过精心打造，定位明确。从首饰、女装，到礼服、休闲装，再到男装和鞋包，这里汇聚了全球最顶尖的时尚单品。人们只需踏入这栋大楼，便能轻松挑选到实穿的时尚单品。

　　然而，随着实体经济的下滑，Barneys在2019年陷入了困境，不得不申请破产保护。幸运的是，它被美国品牌管理集团（Authentic Brands Group，简称ABG）收购。如今，其实体店业务只局限于日本市场，由日本柒和伊控股（Seven & i Holdings）负责运营。虽然Barneys已不复当年之勇，但在日本，它的六家分店仍保持着原有的经营态度和品质。这些店铺均坐落于日本各大城市的核心商业地段。

onefifteen 初衣食午，中国台北

  onefifteen 初衣食午位于台北的大安路上，这家买手店是我心目中的中国台湾买手店品位之巅。它创立于 2013 年，主理人巧妙地使一栋两层高的老洋房焕发出了新的生机。

  主理人的眼光独到而精准，总能聚焦于当今时尚潮流中最有影响力的品牌。除了服饰之外，生活方式类商品的融入也恰到好处。

  店内还设有一处环境舒适且时髦的咖啡简餐餐厅，即使顾客不是为了逛街而来，也可以在这里享用香浓的咖啡和美食。

© onefifteen 初衣食午

The Journey of
Becoming a Fashion Buyer
时尚买手之路

Nicole 的选品订货经验分享

NICOLE'S INSIDER TIPS ON PLACING ORDERS

○ 我的选品要素
○ 我是如何订货的
○ 选品订货常用英文词汇一览

"选品时，除了产品的设计感之外，我还会重点关注产品的以下三个方面：品质、实用性和性价比。"

The Journey of
Becoming a Fashion Buyer
时尚买手之路

我的
选品要素

多年的时尚买手生涯让我深刻认识到，品牌的历史久或名气大，与产品质量好之间不能画等号。对于那些各方面表现优秀但知名度尚不高的品牌，我会毫无顾虑地下单。毕竟，没有哪个品牌从一开始就声名显赫，而发现有发展潜力的品牌正是能够彰显时尚买手眼光的地方。

选品时，我更倾向于凭借自己的眼光和经验去挖掘好物，而非依赖他人的推荐。此外，我还非常珍惜选品过程中与设计师对话的机会。

在筛选产品时，除了产品的设计感之外，我始终坚守三个核心标准：品质、实用性和性价比。设计感无疑是买手选品时重点关注的方面，但即使有再独特的设计理念，若缺乏精良的做工，一件产品也不能称为好的产品。

实用性不是每一个买手都关注的东西，但是我很看重这一点，当然，这也和我的买手店的定位有关。我更倾向于选择那些既时尚又实穿的单品，让有品位的消费者在日常生活中能够轻松驾驭这些单品，展现个人魅力。

　　至于对性价比的关注，源于我在买手生涯中一直强调的消费观念。在成熟的市场中，消费者早已形成了对性价比的独到见解。看重性价比并非单纯地追求低价，而是能够根据产品的设计、材质和工艺等多方面因素综合评估产品的价值。一个买手对性价比的判断能力的高低，往往体现了其经验的多少。过高或过低的定价都是不合理的，它们不仅会损害消费者的利益，也会扰乱市场秩序。因此，从定价的合理性这个角度，我们也可以看出一个品牌的成熟度以及它的定位。

时尚买手之路

我是如何订货的

因为常年要浏览大量品牌的信息，所以每当一份崭新的品牌 Lookbook 交到我手中的时候，我会以一种特有的浏览方式对该品牌的整体调性、产品风格做一个快速的了解。对于那种过度依赖拍摄技巧，以致产品色泽与面料质感失真的 Lookbook，我一向不太推崇。

看过各个品牌的 Lookbook 后，我会选定一些品牌，然后向这些品牌方索取 Line Sheets，参考 Line Sheets 上的产品订货价筛选出合适的款式，并在 Line Sheets 上进行标注。至于订货数量与尺码配比，则需根据经验反复推敲后才能决定。

对于初次合作的品牌，我会向对方索取更加详细的资料，比如 Lookbook 中模特的身高、体重，模特穿着的样衣的尺码，等等。然后，再对照 Line Sheets 上已经勾画出的产品敲定订货数量和尺码配比。

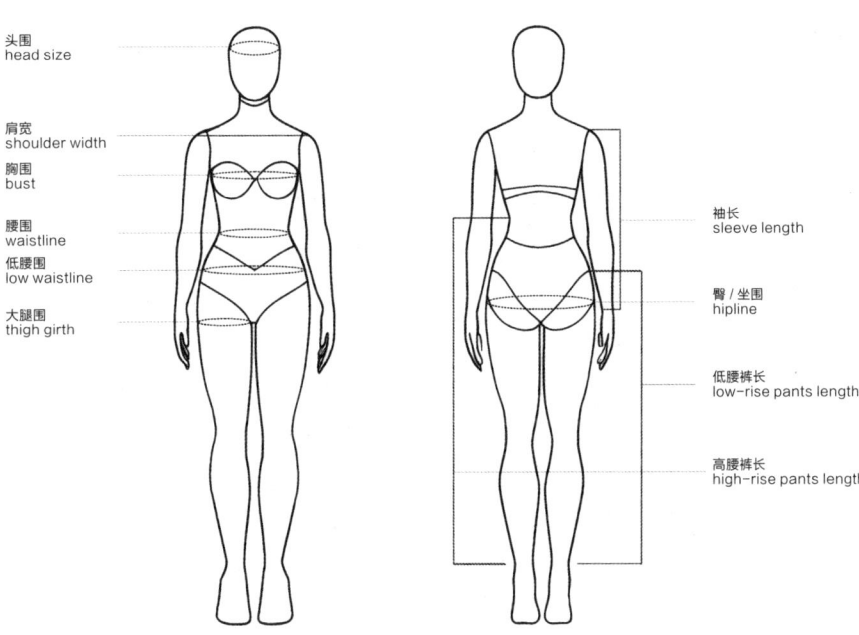

◎ 身体维度测量图

选品订货
常用英文词汇一览

adventurous：有冒险精神的
affordable：买得起的
aggressive：好斗的，富有攻击性的
amazing：令人惊喜的
approachable：可接近的，平易近人的
athletic：运动的
avant-garde：前卫
awesome：令人惊叹的
balanced：平衡的
beautiful：美丽的
bespoke：定做的
bold：大胆的
calm：镇静的；泰然自若
casual：便装
change：变化
cheerful：快乐的

classic：经典的
clean：干净的
clarity：清晰
confident：自信的
contemporary：当代的
controlled：精心安排的；受控制的
convenient：方便的
cool：酷的
courageous：勇敢的
creative：有创造力的
craftsmanship：技艺
curious：好奇的
cute：可爱的
cutting-edge：尖端的，前沿的
daring：大胆的
determine：决定
different：不同的

diverse：各种各样的
durable：耐用的
dynamic：动态的
eco-conscious：环保意识
elegant：优雅的
emotional：有感染力的
energetic：精力充沛的
ethnic：具有民族特色的
excellent：出色的
exciting：令人兴奋的
exclusive：独家的
exotic：异域风情的
experimental：试验性的
expressive：有表现力的
explore：探索
fabulous：极好的
fair：公平的
feminine：女性的

flexible：灵活的
freedom：自由
fresh：新鲜的
fun：乐趣；有趣的
functional：实用的
futuristic：未来派的；未来主义的
generous：慷慨的
glamorous：魅力四射的
gorgeous：华丽的
graceful：优美的
happy：快乐的
historic：历史上著名的，有历史意义的
heritage：遗产
honest：诚实的
humble：谦逊的
improvement：改进

independent：独立的
innovative：创新的
inspiring：鼓舞人心的
intelligent：聪明的
intuitive：直觉的
liberal：自由的
loyal：忠诚的
lush：郁郁葱葱的
luxurious：豪华的
masculine：男性的
mature：成熟的
meticulous：一丝不苟的，细致的
minimal：极少的
modern：现代的
natural：自然的
orderly：整洁的，有条理的
organic：有机的

original：独创的
passionate：热情的
patriotic：爱国的
perfect：完美的
pioneering：开拓性的
playful：有趣的
positive：积极的
powerful：强大的
practical：实际的
protection：保护
precise：精确的
provocative：挑衅的
performance：表现
quaint：古雅的
quality：质量
quirky：奇特的
radical：激进的
rational：合理的

rebellious：叛逆的

refined：优雅的

reliable：可信赖的

responsible：负责任的

retro：再度流行的，回归的

revolutionary：革命性的

romantic：浪漫的

seductive：诱人的

self-controlled：自我控制

spirited：精神饱满的

sensitive：敏感的

sensual：愉悦感官的

serene：宁静的

sexy：性感的

simple：简单的

sophisticated：老练的

streamline：使（系统、机构等）效率更高

strong：强的

sustainable：可持续的

timeless：永恒的

traditional：传统的

trendy：时髦的，流行的

true：真正的

unique：独特的

unisex：男女通用的

universal：普遍的

young：年轻的

The Journey of
Becoming a Fashion Buyer
时尚买手之路

我与粉丝的 Q&A

Q&A WITH MY FANS

○ 没有从事过时尚行业的人能否做买手？
○ 哪些人天生适合做买手？
○ 成为买手的第一步是什么？
○ 制作简历及面试的技巧有哪些？
○ 买手特助需要具备哪些特质？
○ 时尚买手薪资高吗？

"在我的自媒体账号留言区，常有对时尚行业或时尚买手这一职业感兴趣的粉丝向我提出各种各样的问题。在这一章中，我将就其中一些具有代表性的问题予以回答。"

The Journey of
Becoming a Fashion Buyer
时尚买手之路

没有从事过时尚行业的人能否做买手？

粉丝们常常好奇地问："没有从事过时尚行业的人能否做买手？"我的回答是："世上没有不可能的事，就看你愿不愿意付出足够的努力！不过，买手这一职业也并非靠努力就能胜任。"

我认识一位来自中国台湾的室内设计师，他虽然年近七十了，但对时尚的热爱从未衰减。从年轻时起，他就对山本耀司、川久保玲、瑞克·欧文斯等设计师的作品情有独钟。他的时尚品位独到，见识广，其品位和见识甚至超越了许多业内人士。他常常将买来的服饰进行改造，用手绘、刺绣、拼接等工艺，使普通的单品变身为常常被人误以为是品牌的限量款的单品。若他有意涉足买手行业，我相信在品位和见识上，他已然具备足够的条件。不过，从事时尚买手这一职业还需要有充足的体力。特别是在时装周期间，买手每天需要连续工作十几个甚至二十个小时，步行上万步，饮食也极不规律。这样的工作强度对年轻人来说都是一个巨大的考验,更何况是没有这方面经验的年长者。因此,从年龄比较大的时候才开始做买手恐非易事。

而对于那些从年轻时就开始从事买手工作的人来说,他们大多已经习惯了这种高强度的工作状态,再加上自律的生活习惯,即便年岁渐长,他们也能够保持活力。因此,在国外的时装周上,我们常常能看到一些年长的买手,依然精神矍铄地活跃在一线。

除了年龄,天分也很重要。那些天生便拥有良好的品位和敏锐的时尚触觉的人,或许无须接受多少专业培训,便能在实践中迅速建立起超凡的认知。他们的悟性源于与生俱来的对美与质感的敏锐感知。总的来说,那些并没有从事过时尚行业,却天生具有对时尚的敏感度的年轻人,经过短而精的培训后,是有很大可能胜任时尚买手的工作的。

◎ 参加时装周的资深人士

哪些人天生适合做买手？

能够发现别人发现不了的美的人

有些人每天穿梭于同一条道路，随着季节的更迭、气候的变换以及心情的起伏，他们总能敏锐地感受到途中风景的变化。

有些人与一位穿着考究的老妇人擦肩而过时，能瞬间捕捉到她独特的气质。

有些人看到一辆公交车从身边缓缓驶过时，会注意到车身上的广告独具匠心，情不自禁地拿出手机，快速记录下那一瞬间的灵感。

有些人漫步在繁华的街头时，街边店铺的装修设计、陈列摆设乃至店员的店服，无一能逃过他们的眼睛，他们随时可以捕捉到那些别人不会关注到的细节。

…………

如果你是这样一个善于发现并珍视生活中的点滴美好的人，那么恭喜你，你已具备了成为买手的基本素质。

天生审美好的人

有一些人,他们身边的朋友总夸奖他们衣品好,看似普通的服饰在他们身上总能搭配出不一样的味道;逛街的时候,他们的一句"适合"能给身边的人带去购买的信心;别人买知名品牌的单品时,他们会去买一些小众品牌的非常特别的单品……

如果你是这样的人,那证明你天生具备良好的审美能力,即使不做买手,你也很适合从事和时尚相关的其他职业。

有敏锐的商业嗅觉的人

有些人总是能在不经意间捕捉到某种色彩或风格的魅力,而这些色彩或风格往往会在不久之后成为潮流。

有些人拥有一种独特的洞察力,能够注意到那些鲜为人知的品牌,而这些品牌往往会在日后成为备受追捧的热门之选。

有些人擅长对现有的状态进行深入的分析,并寻求优化方法,这种能力使他们在商业领域中游刃有余。

有些人不只关注自己从事的行业的信息,他们还能敏锐地捕捉到社会上的热点话题,第一时间了解社会发展的趋势与变化。

如果你具备这些特质,那么你拥有成为时尚买手的潜质。

社交能力强的人

有些人在日常生活中展现出了非凡的社交技巧,总能轻易地结交到各式各样的朋友。

有些人擅长表达自己的观点,无论是在轻松的聚会上还是正式的场合上,他们都能以独特的见解和清晰的逻辑,给别人留下深刻印象。

在社交场合中,他们仿佛拥有一种魔力,总能轻松认识那些希望认识的人,他们的随和与健谈,使得与他们交往的人都能觉得温暖、舒服。

他们的逻辑性极强,能够清晰地阐述自己的观点和想法,使人信服。同时,他们也能够准确理解他人的需求与想法,进而做出恰当的回应。

如果你具备以上特点,说明你是一个社交能力强的人,而作为买手,这样的素质是必不可少的,因为买手不仅要能够通

过社交活动获取更多的信息和资源，还要能够与供应商、设计师等各方进行有效沟通，确保拿到尽可能低的价格，促使合作顺利进行。

天生对材质敏感的人

有些人从不盲目跟风，对购物总是抱有一种审慎的态度，相较于随意乱买或是看到价格便宜就买，他们更倾向于选择那些品质上乘的衣物，即便价格稍高也在所不惜。这种对品质的追求，源于他们与生俱来的对材质的敏锐感知力。

他们对材质的挑剔不仅体现在衣物上，对于家居用品亦是如此。他们深知，材质直接关系到物品使用起来的舒适度和耐久性。

有时，这种对材质的敏感和挑剔，还延伸到了对食材的选择上。他们深知如何选择食材，力求天然和健康。

这种对材质的敏锐感知和挑剔，是非常可贵的天分。它使买手能够在不计其数的产品中，迅速识别出那些品质好、有价值的产品。

有自己观点和主张的人

在众人纷纷追随潮流的时候，有些人却难得地保持着独立的思考，他们拥有自己的观点和主张，不会轻易被外界的声音所左右。

他们善于调研，如同一位敏锐的侦探，在纷繁复杂的信息中寻觅着真相的蛛丝马迹。他们相信，只有通过大量的信息收集和深入的分析，才能找到最接近事实的答案。因此，他们从不轻易相信外界的片面之词，而是会用自己的双眼去观察和判断。

他们勇于尝试新鲜事物，敢于做第一个"吃螃蟹"的人。

这种独立思考、深入调研和勇于尝试的品质，有助于他们成为引领者，这种品质也是买手必备的素质之一。

不会轻易放弃的人

在快节奏的现代社会中，许多人似乎很容易受到压力的影响，常常因为一些微小的挫折而轻易放弃眼前的工作。然而，真正的技艺和本领的积累往往需要经过时间的沉淀与磨砺。一般而言，想要真正掌握某个领域的关键知识和技能，至少需要经过五年的不懈努力；而要达到炉火纯青的境界，更是需要十年以上的时间。

如果你从小就有一个爱好，不论是痴迷于收藏玩具，还是热衷于漫画的创作，只要这个爱好是正向的，伴随了你的成长，并且你始终未曾放弃，那么我深信你已具备了能够深耕细作、持之以恒的个性。这种个性不仅仅是从事时尚买手这一职业需要具备的宝贵素质，也是任何想要在自己从事的领域里取得卓越成就的人所必备的素质。

做事严谨的人

很多人觉得，时尚买手又不是科技公司的程序员或是研究所的研究员，为何需要有严谨的做事态度呢？答案很简单：细节决定成败。在我带领过的众多员工中，那些真正能够独当一面的人，无一不是在细节处理方面有完美主义倾向的人。粗心大意、思维不缜密的人，在这个行业中难以立足。服饰作为细软之物，需要细心呵护；时尚行业是一个彰显美的行业，个人形象亦是不容忽视的一环，容不得马虎、应付；在选品过程中，除了关注设计的新颖性，材质、价格、订货条款等诸多因素都需要纳入考量范畴。因此，做事严谨对于时尚买手来说至关重要。

成为买手的
第一步是什么？

很多人常常说自己对时尚情有独钟，怀揣着成为时尚买手的梦想。然而，喜欢时尚与真正投身于时尚行业成为时尚买手，两者之间的距离比大部分人所预想得要大。

追求时尚，无疑是一种令人愉悦的爱好。不过，你可以因为热爱时髦而醉心于购物，但这并不意味着你能化身为设计师；你可以流连于画廊与美术馆，欣赏艺术品，收藏心仪之作，但这并不等同于你能够成为艺术家；同样，你可以喜欢品尝四海美食，但这也并不表示你适合做一个厨师。爱好与职业的本质区别在于，前者重在享受、体验，而后者则需要实干、付出。

对于有志成为时尚买手的朋友，我始终建议你们先从时装店店员这一基础岗位做起。我从学校毕业后，一个班五十位同学中真正踏入时尚行业的寥寥无几，而这些踏入时尚行业的人无一例外，都是从最基础的零售岗位做起。很多人觉得欧美和日韩有很多时装店的店员穿着很时髦,那是因为他们中的很多人都是设计专业的毕业生。

◎ 买手店店员应掌握的技能

我也接触过很多在买手店实习的年轻人，无论是做兼职还是全职，他们中的大多数人只坚持了几个月便选择离开，这或许是因为实际工作与他们想象中的工作大相径庭吧。店员的日常工作的确枯燥和辛苦，他们一站就是一天，每天就是做包括接待客人、将商品上下架、盘货、发货在内的重复性工作。我时常告诫年轻的店员，当他们在店里拥有大量空闲时间时，应该利用这些时间去深入了解那些他们从未见过的品牌，去感受不同材质的商品的差异，去思考如何巧妙地运用每一件商品进行搭配，去倾听顾客的不同诉求，将每一次商品推荐都视为锻炼自己沟通、搭配能力的机会。另外，懂得提问题的人才会拥有更多机会，不断进步。拿我自己来说，当我到实体店巡店的时候，能够抓住机会向我提问的店员一定会让我印象深刻，而这样的印象会让我多为这位店员考虑他的未来发展。也许店员本人并没有想那么多，但是这就是努力的人和不够努力的人在机会获得方面的差异。

　　在这个日新月异的时代，买手店店员已不再仅仅是销售员。他们应当成为全能型的人才，掌握包括店铺运营、商品管理、销售、陈列、自媒体内容创作以及社群维护等多项技能，而这些技能也是时尚买手需要具备的。所以，若你梦想成为时尚买手，就从店员开始做起，在工作中锻炼和提升上述技能，为你未来的职业之路奠定基础吧！

制作简历及
面试的技巧
有哪些？

制作简历

简历，作为求职的"第一门面"，其重要性不言而喻。制作一份能够为自己加分的简历，无疑会为求职者赢得更多机会。以下是我精心准备的一些简历制作方面的建议，希望这些建议能够帮助求职者打造出一份令人印象深刻的简历。

1. 简历设计

简历的排版应力求简洁明了，而非华丽烦琐。清晰简洁的版面设计能够更好地凸显个人特质和专业能力，以便面试官快速了解你。制作简历时，务必注意字体大小与行距的规范性，保持简历整体视觉效果的一致性和协调性。同时，要细心校对，确保简历中无错别字，这能够展现你严谨细致的工作态度。若简历能够体现出你良好的审美眼光和严谨的做事风格,无疑会为你加分不少,从而提升求职成功率。

2. 内容真实

简历内容务必真实,切忌夸大其词或编造虚假信息。如果因为如实陈述而未能获得目标工作,那只能说这份工作并不适合你。真诚是求职的基石,求职更是一个双向的选择。对雇主来说,求职者的能力和道德品质是缺一不可的。

3. 学历和技能

在简历中,务必清晰注明你的教育背景和掌握的技能。若持有任何与目标职位相关的证书或荣获过相关奖项,建议一并附上,以展现你的专业能力。充分地呈现信息,将有助于面试官更全面地了解你的能力和潜力。

4. 工作经验

若你有与目标职位相关的工作经验,务必在简历中予以重点强调。详细阐述工作内容,包括职责和完成过的任务,并突出展示你在工作中取得的成果和经验,以展现你的成长轨迹和潜力。这些信息将有助于面试官更好地了解你的价值。

5. 求职理由

撰写简历时，务必明确写出你的求职理由，以及你打算如何完成这份工作。充分展示你对该工作的理解、期待以及自信，你将更有可能赢得面试官的青睐。

面试技巧

1. 注意着装

得体的着装能给面试官留下良好的第一印象，因此必须对着装予以足够的重视。在挑选面试时的着装时，可以选择既能展示个人品位，又不会显得用力过猛的着装风格，避免穿着过于休闲或夸张的服饰。既时髦又职业化的着装不仅能够彰显品位，还能体现对面试官的尊重和对面试的重视。

2. 注重礼仪

注重礼仪不仅是职场中的基本准则，也是求职过程中的重要敲门砖。以下是一些求职礼仪方面的建议：

务必确保按时到达面试地点，以展现你的时间观念和敬业精神；

到达后，请轻轻敲门以示礼貌，等待面试官允许后再进入房间；

见到面试官时，请主动打招呼，以端正的姿态和微笑展现你的友善和自信；

面试过程中，请保持良好的坐姿，背部挺直，双脚平放于地面，以展现你的教养，还要注意与面试官保持适当的眼神交流，这有助于增强沟通效果；

面试过程中请避免将手放在桌子上，以免给面试官留下随意或不专业的印象；

面试过程中，请将手机调至静音状态；

面试结束后，请再次向面试官致意，然后告别。

3. 熟知应聘公司理念

在面试前对应聘公司进行充分的了解是至关重要的。如果是应聘买手店店员这一职位，就更需要深入了解店铺的经营理念、定位以及主理人的时尚理念。这样有助于在面试过程中更加自信地展现自己，这也能体现出对自己的职业生涯认真负责的态度。

4. 回答问题简明扼要

面试中，回答问题时应确保对每一个问题都有明确的回应。回答时，简明扼要地阐述自己的观点，避免偏离主题，这样既能节省时间，还能展现出你的表达能力和逻辑性。

5. 会问问题

　　当面试官是老板本人时，若他给予你提问的机会，请务必珍惜这一难得的互动时刻。你可以针对公司的发展前景、工作内容的具体细节或是行业内的趋势和热点等提出问题，以展现你对目标职位和行业的深入关注。同时，这样做还可以让你有机会从老板的回答中找到他的价值观与你自己的价值观的共性。另外，关于薪酬和待遇等敏感话题，最好留待与人事部门的负责人进一步沟通时再探讨。

买手特助需要具备哪些特质?

很多人认为买手特助是一份轻松的工作,然而,那些看过《穿普拉达的女王》的观众定能回忆起那一幕幕虽带有夸张成分但又很写实的,展现了顶级时装杂志主编助理工作的艰辛与不易的场景。无论是杂志主编助理还是买手特助,这些职位对从业者的要求都是非常高的。买手特助需要在具备时尚买手所具备的一切素质的基础上,完成助理的工作。这个职位不仅要求从业者具备丰富的时尚知识,还要拥有出色的协调能力、抗压能力。所以,想要胜任这一职位绝非易事。

工作经验

想要胜任买手特助这一职位,不仅要对时尚有浓厚的兴趣,更要具备过硬的专业能力和担任特助(助理)的经验。买手特助的工作内容远非简单的端茶倒水、拎包出门所能概括,它要求从业者能够快速适应买手行业的工作节奏，及时响应并协助推进各项任务的进程。买手特助的职责纷繁复杂，他们需要具备出色的计划性、逻辑性和执行力。在技能方面，熟练运用各种办公软件是基础中的基础，无论是制作表格，撰写策划方案和宣传文案，拍摄照片，还是剪辑和制作视频，买手特助都要能够得心应手。然而，许多有志成为买手特助的人往往只是被时尚买手这一职业的光环所吸引，未能深入了解这背后需要付出的努力和需要具备的经验。

能吃苦

特助宛如买手的影子，双方在一起的时间甚至比各自和家人在一起的时间还要长。除了日常的办公时间，双方还需要一同出差，共同面对各种挑战。由于工作的特殊性，特助的工作时间往往不固定。忙碌的时候，可能需要日夜颠倒，全力以赴应对各种任务；而在相对轻闲的时候，则可以拥有相对于一般员工来说更为灵活的工作时间。这份工作并不轻松，充满了挑战性，所以买手特助一定要能吃苦。

语言能力

精通英语是特助的必备技能。在日常工作中，特助需要协助买手通过邮件与各大品牌进行频繁的沟通，确保信息的准确传达和及时回应。而在时装周期间，特助更是需要协助买手订货以及处理人际关系，在这个过程中，英语的重要性毋庸置疑。当然，如果特助能够掌握更多门语言，无疑将进一步提升其职业竞争力。

时尚品位

具备一定的时尚品位是对买手特助的基本要求。然而，并不是懂得穿名牌就叫有时尚品位，更重要的是能够深入了解自己，选择适合自己风格的服饰，展现出自己独特的品位和个性。特助应当与买手保持同频，不仅要关注最新的流行趋势，还要能够深入挖掘市场需求，为买手提供精准的市场讯息，并发表独到的见解。

年龄

买手选择特助时一般会考虑特助的年龄，在特助的工作经验与其生活的稳定性之间做权衡。过于年轻的特助可能因工作经验不足而难以胜任这一职位，而年龄过大或有家庭的特助则可能无法频繁加班和出差。至于特助的性别，买手会根据个人的偏好和工作需求来灵活决定，以确保团队的整体协调性和工作效率。

时尚买手薪资高吗？

时尚买手这一职业在许多人眼中与"高薪"挂钩，毕竟买手看起来每天都身着时髦的服饰，穿梭于各大品牌的公司、时装周、发布会和时尚活动中，与社会名流、明星、超模等频繁互动。然而，事实并非如此。尽管这一职业的确能为从业者提供许多令人羡慕的机会，但许多从业者都是"月光族"。这是因为对于美的追求让他们总是将收入投资在自己钟爱的时尚单品和设计师作品上。虽然从事时尚行业的人对美的东西的抵抗力很低是难免的事，但这种消费观念并不值得推崇。

当然，需要明确的是，时尚买手的薪资待遇与其他职业的并无太大差异。他们同样需要从拿基本工资开始，通过不断努力和积累经验，逐渐提升自己的薪资水平。而交通费、住宿费等差旅费用，作为出差的必要开销，通常由公司承担，除非从业者本身就是买手店的老板。

不过，除了薪资之外，时尚买手这一职业更大的魅力在于它能为从业者提供广阔的视野和丰富的经历。通过参与四大时装周、发布会等活动，与设计师面对面交流，从业者能够大大提升自己的见识和品位，从而改变对许多事物的看法。这种无形的财富，或许才是时尚买手最为珍视的收获。

8

出行中的"奇葩"经历

THRILLING ADVENTURES
ON THE ROAD

○ 别忘了，英国不属于申根国家　　○ 省钱带来的麻烦
○ 不要过分相信自己的经验　　　　○ 时装周防盗小贴士

"参加时装周的过程中,难免会遇到各种突发状况。多次处理突发状况的经历让我明白,只有在冷静的状态下,人才能保持清醒的头脑,理清思绪,找到解决问题的最佳途径。"

The Journey of
Becoming a Fashion Buyer
时尚买手之路

别忘了，
英国不属于
申根国家

多年前，有一次欧洲之行，我托旅行社为我规划行程，最终的出行路线是先飞抵巴黎，接着前往法国南部，然后从那里飞往英国，在英国转机前往匈牙利的布达佩斯，最后回国。旅行社明确告知我，由于在英国转机时无须出关，到时候我仅凭申根签证即可转机。于是，我踏上了这段旅程。

起初，一切进展顺利。然而，当我准备从南法启程前往英国时，却遭遇了意想不到的波折。法航的工作人员执意拒绝我登机，理由是我没有英国签证。我焦急地解释，我只是转机并不入境，但工作人员依然不为所动。我当时焦急万分，毕竟后续的行程至关重要。

就在我不知如何是好之际，我突然看到了一位负责行李托运的英国工作人员。我像是看到了救命稻草一般，立刻冲向他。毕竟，很多法国人

的英语沟通能力有限。这位英国工作人员非常热心，在了解了我的处境后，他立即为我联系了伦敦那边的入境处。尽管我不清楚他们具体交流了什么，但没过多久，我便被允许登机了。

虽然心中的一块石头暂时落地，但我依然忐忑不安，总觉得事情没有这么简单。飞机降落后，我跟其他乘客一起走向机舱门。无意中，我听到了乘务员和一位乘客关于取行李的对话。这时，我恍然大悟，明白了法航工作人员为何拒绝我登机。原来，旅行社在订机票的时候没有注意到，在这段行程中，我们的行李并非直达布达佩斯，我们需要在伦敦提取行李，然后重新办理托运再登机。这就意味着，我必须在伦敦入境，而我并没有英国签证。

此刻的我，只得鼓起勇气，硬着头皮走向海关。我紧张地出示了护照，并向海关工作人员坦诚地

解释了整个事件的来龙去脉,就像是在投案自首一般。海关工作人员并没有立刻拒绝我,而是表示需要去请示领导。大约过了二十分钟,他回来告诉我,确实无法让我入境。

就在这个关键时刻,他的领导神奇地出现在了他的身后,原来之前接听法国机场的英国工作人员电话的人正是他。我抓住了这个难得的机会,再次强调自己之所以能够登机,完全是因为得到了那位热心的英国工作人员的帮助,但对于电话的具体内容,我毫不知情。然后我才知道,是那位好心的英国工作人员误会了我的情况,我才得以登机。

经过又一轮的沟通,两位海关工作人员相互对视了片刻,似乎达成了某种默契。其中一位工作人员轻声说了一句"Unless...(除非……)",我和另外一位工作人员瞬间都心领神会地点了点

头。于是,那位海关工作人员带我穿过通道,协助我取行李并办理托运,最后护送我登上飞机。

那位海关人员带我穿过通道时,同机的乘客纷纷向我投来怜悯的目光,仿佛我是一个被抓获的非法入境者。然而,我的内心却充满了庆幸和感激。真的很感谢那两位通情达理的英国海关工作人员,是他们的理解和帮助让我得以继续后面的行程。

这次宝贵的经历,让我开始更加关注各个国家和地区的出入境规定。我深信,当困境降临时,我们绝不能轻易放弃。只要心中尚存一丝希望,就必须勇敢地去争取。同时,保持镇定也是至关重要的。只有在冷静的状态下,我们才能保持清醒的头脑,理清思绪,找到解决问题的最佳途径。

不要过分
相信自己的
经验

2023年，我怀揣着满腔欣喜，在二月递交了法国申根签证的申请表，期待着在三月初能奔赴久违的巴黎时装周。签证办理得非常顺利，我也兴奋地开始制订巴黎时装周的行程。

签证的生效日期一般是从签证签发之日起开始计算的，因此我在收到签证时只是匆匆查看了签证的有效期是多长，却忽略了其他关键信息。出发当日，我来到了机场值机柜台，工作人员拿着我的护照前后翻阅了许久，这让我颇感不解。直到他指着签证上的有效期，对我说："您无法登机，因为签证要在10天后的3月15日才能被启用。"这一消息犹如晴天霹雳，那一刻，我感觉大脑一片空白。但很快，我便恢复了镇定。我迅速联系中介，询问是不是大使馆的失误导致这种事情发生。得知事情无法挽回后，我立刻通过邮件联系爱彼迎平台和订票中介，尝试取消预订的公寓和

机票以减少损失。然后，我开始逐一联系已预约的 Showroom 和展会的工作人员，解释我无法按时赴约的原因。一个小时很快就过去了，当我处理完所有事宜后，只能无奈地打车回家。

坐上车的那一刻，我仿佛从另一个平行宇宙回到了现实，开始反省自己的失误。这一切都是因为我太过相信过去的经验，这种经历能够让我一辈子都记住这个教训。

省钱带来的麻烦

在我的欧洲之行中,我曾有几次遭遇行李丢失的困境,当时的心情真是难以言表。所谓丢失,就是指行李未能与我同步抵达目的地。其中一次,我乘坐的是欧洲境内一家机票价格相对低廉的航空公司的航班,因为是从意大利飞往法国,行程的距离短,所以我以为选择廉价航空公司的航班不会有什么大碍,不料行李未能与我同步抵达目的地。为了省一点钱,实在是得不偿失。

还有一次,我从北京飞往巴黎,由于中转联程机票价格比较划算,我选择了在俄罗斯转机的航班。但是,等我抵达巴黎后,我的行李还在俄罗斯的机场。面对这种情况,欧洲人似乎早已习以为常,同样没有拿到行李的人都相当冷静。但对于我这种来时装周工作的人来说,这种情况简直就像噩梦一般。我不得不在机场指定的柜台前填写丢失行李的申报表,然后回到住处耐心等待机场工作人员的电话。然而,他们何时会联系我完全是个未知数。有一次他们在深夜给我打来电话,但是我将手机调到了静音模式,没有接到这个电话;还有一次他们打来电话时,我刚好身处于没有信号的地铁中。总之,一旦错过电话,行李被送达的时间就会变得更加遥遥无期。大概过了三四天之后,我的行李才被送到,当时我有一种"我何必带行李出门"的感觉。

　　为了避免行李丢失给工作带来不便,我强烈建议大家尽量将与工作相关的物品放在手提行李中,如电脑、手机充电设备、简单的洗漱化妆用品、换洗内衣以及睡衣等。这样,当不幸碰到行李丢失的情况时,如果航班到达得早,可以利用空余时间去附近购买所需物品;若是航班到达较晚,还可以依靠随身携带的备用物品来度过漫漫长夜。

　　此外,在选择行李箱时,尽量选择低调、非名牌的款式,越不起眼越好。不要误以为乘坐商务舱就不会丢行李。而且,行李箱最好不要上锁,因为根据我的经验,越是上锁,越有可能发生意外。

时装周
防盗小贴士

时装周不仅是全球时尚精英们的盛事，也是不法分子觊觎的"猎场"。时装周期间，财物被盗、护照失踪、行李被抢等事件屡见不鲜。因此，在享受时装周带来的视觉盛宴时，我们更应提高警惕，采取有效的防盗措施。

以下是几点实用的防盗小贴士：

随身携带的包袋应尽量小巧，方便手提且不可离手。背包最好放在胸前。手机等贵重物品切勿随意放置在餐厅或咖啡厅的桌面上。

在 Showroom 等场合，若需暂时离开座位，切勿将包袋置于桌子上或椅子上。贵重物品务必随身携带，因为在这些看起来只有业内人士才能进入的场所，不法分子依然存在。

离开酒店房间期间，切勿将贵重物品随意放置在房间的床上或桌子上。为了确保安全，最好将贵重物品锁入房间的保险柜中。

  在机场值机前,切勿让一人看管多件行李,更不要把包袋放在行李箱上然后离开。

  时装周是展现个性的舞台,但身为买手的我们,在这绚烂的舞台上需保持低调而又不失时尚感的着装风格。有经验的买手深知,远离过于张扬的配饰和有显眼标志的包袋,能有效避免不必要的瞩目和麻烦。保持低调有助于减少工作中可能遭遇的尴尬,确保工作高效进行。

一　时尚买手之路

The Journey of
Becoming a Fashion Buyer
时尚买手之路

9

Nicole 的泛时尚分享

NICOLE'S
FASHION INSIGHTS

○ 我最喜欢的品牌   ○ 我喜欢的时尚达人   ○ 我珍藏的邀请函和工作证
○ 我推荐的时尚类书籍   ○ 让我记忆犹新的联名   ○ 珍贵的秀场照片
○ 我推荐的时尚类影视作品   ○ 我最得意的二手收藏

"在阅读好书,观看好的影视作品,从众多单品中识别出那些有收藏价值的单品的过程中,人的审美和品位能够得到提升。"

The Journey of
Becoming a Fashion Buyer
时尚买手之路

我最喜欢的品牌

A.P.C.

Comme des Garçons（川久保玲*）

Celine（赛琳）

Isabel Marant（音译为伊莎贝尔玛兰）

Junya Watanabe（渡边淳弥创立的同名品牌）

Jil Sander（吉尔·桑德创立的同名品牌）

Lemaire

Maison Margiela（梅森马吉拉）

Plan C（意大利时装品牌）

Sacai（日本时装品牌）

Saint Laurent（圣罗兰）

Uma Wang（王汁创立的同名品牌）

Y-3

Y's

Yohji Yamamoto

Y/Project（法国时装品牌）

---

* 品牌名为法语，翻译成中文是"像个男孩"，该品牌为设计师川久保玲创立的设计师品牌，因此以设计师的名字指代此品牌。

我推荐的
时尚类书籍

时尚类书籍有种魔力,它们不仅内容引人入胜,设计和制作上更是独具匠心。很多时尚类书籍都仿佛是艺术品,从排版到纸张的选择都用心良苦。读者不但可以从中收获时尚知识,还可以将其视为收藏品。因此很多喜爱设计的人都很喜欢时尚类书籍。

我喜爱的时尚类书籍内容非常多元,虽然网络越来越发达,但纸质书总会在我的行李箱中占据一席之地。

1. *I LOVE YOUR STYLE*(《我喜欢你的风格》)

这是我早年购买的一部英文著作,作者收集了19世纪至20世纪最具代表性、最时尚的精英女性的经典着装。明星、超模、歌手、时尚编辑、设计师、总统夫人……她们的造型都是她们所处的时代的时尚风向标。每当我想静下心来,放空自己的时候，就会拿起这本书，沉浸在过去的时光里。

2.《时尚的诞生》

这是一本超级实用的"小人书"，它出自韩国才华横溢的插画师兼作家姜旻枝之手。她以独特的视角和细腻的笔触，巧妙地将插画与妙趣横生的文字相结合，生动地讲述了近现代时尚史上26位最具代表性的设计师及其品牌的传奇故事。

3.《6+安特卫普时尚》

"安特卫普六君子"这一颇具传奇色彩的称谓相信许多人都有所耳闻，但安特卫普皇家艺术学院时尚学院的深厚底蕴和它在时尚界的崇高地位，或许大家并不知晓。这本书由安特卫普皇家艺术学院时尚学院前院长琳达·洛帕（Linda Loppa）亲自撰写，她以独特的视角和笔触，为我们揭示了这所学院的非凡魅力。关于安特卫普，有一句话是这样说的："在安特卫普，时尚是极其私人的表达，如同写作一般。外在的影响被内在化，最终以一种极具个性的声音被表达出来。"它道出了安特卫普时尚的精髓所在。

"安特卫普六君子"是这所学院引以为傲的杰出设计师代表，他们分别是安·迪穆拉米斯特（Ann Demeulemeester），华特·范·贝伦东克

(Walter van Beirendonck),德克·范·瑟恩(Dirk van Saene),德赖斯·范·诺顿(Dries van Noten),德克·毕肯伯格斯(Dirk Bikkembergs),玛丽娜·易(Marina Yee)。除此之外,大家非常熟悉的拉夫·西蒙斯(Raf Simons),马丁·马吉拉(Martin Margiela),安·凡德沃斯特(An Vandervorst)等知名设计师也毕业于这所传奇的时尚学院。对渴望深入了解时尚行业、追寻个性表达的群体来说,这本书无疑是一本不可多得的好书。

4.《马丁·马吉拉》

马丁·马吉拉是我最爱的设计师之一,这本书记录了这位传奇设计师的非凡人生。无论是品牌定位,设计的独特性,个人的影响力,还是行业内的口碑,他都无愧于"传奇"这一称号。

马吉拉,这位毕业于比利时安特卫普皇家艺术学院的杰出设计师,虽荣获无数设计大奖,却始终保持低调,从不出现在镁光灯下的T型台上或媒体前。他宛如一个隐形人,但他的名字在时尚界可谓无人不知,无人不晓。

白色,是马吉拉个人品牌的灵魂色彩。从店铺的精致装饰,到店员的整洁服装,从独特的商标到简约的包装袋,甚至产品上那些有意外露的明线,都以纯净的白色为主色调。

这本书的开篇，有一封令人动容的书信。那是著名设计师让-保罗·高缇耶在2008年写给马吉拉的信，当时他们已相识25载。信中，高缇耶回忆起马吉拉在他手下担任了三年设计助理的日子，并感慨道："当你决定离开时，我并未感到惊讶，反而觉得能与你共事如此之久，是我莫大的荣幸。"这番话，不仅展现了高缇耶作为大师级设计师的广阔胸怀，更体现了他对马吉拉卓越才华的认可。

5.THE WORLD ACCORDING TO KARL（《卡尔的说话之道》）

这是一本传奇设计师卡尔·拉格斐（Karl Lagerfeld）的语录集。当你读完它，你会对"老佛爷"这个称号有更清晰的理解。他不仅仅曾是香奈儿这一经久不衰的品牌的艺术总监，也拥有个人品牌，还是一个博学多才、幽默风趣且善于思考的人。

书中最精彩的段落是他对母亲的描述，既幽默又富有洞见，让人在忍俊不禁的同时，又能够深深感受到他对母亲深厚的感情。

6.《亚历山大·麦昆》

这本书由亚历山大·麦昆（Alexander McQueen）的挚友朱迪斯·沃特（Judith Watt）执笔，她在书中回忆了这位天才设计师短暂而绚烂的一生。

亚历山大·麦昆在年仅 41 岁时突然离世，带给时尚圈一段充满遗憾和悲伤的记忆。当麦昆离世的消息传出后，很多名人都发表了缅怀他的悼词。我印象最深的是山本耀司曾深情地说："自从我们失去了麦昆，已经没有人为时装而战了。主流的力量太强，令我们失去了那些拥有独特个性的人。"这句话道出了麦昆在时尚界的独特地位和他的特殊贡献。

麦昆离世的消息传出时，我正在参加纽约时装周。闻讯后，我立刻赶到亚历山大麦昆（Alexander McQueen 创立的同名品牌）的专卖店，购买了当季的骷髅头戒指。虽然如今它已经掉色，但它代表了我对麦昆永远的怀念。

◎ 亚历山大麦昆戒指

7.《关于山本耀司的一切》

因为有幸与山本耀司先生共事了十五年，我有更多近距离感受他的工作状态和为人的机会。当我翻开这本书时，内心涌动着与他人截然不同的感受，见书如见人。

这本书除了详尽地展现了山本耀司四十余载设计生涯的辉煌轨迹外，还精选了不同时期不同媒体对他的访谈，涵盖了他对服装设计的深刻思考，对时尚潮流的敏锐洞察，以及他对社会现象的独到见解。通过阅读这本书，可以一窥山本耀司独特而坚定的个性，以及他无穷无尽的创造力。

山本耀司对音乐的热爱也在这本书中得到了充分体现。我曾经在他位于东京的不大的办公室里，看到地上立着一把他钟爱的吉他。在2013年纽约时装周的Y-3发布会上，他敲打架子鼓的飒爽英姿，让现场的观众为之欢呼。

在山本耀司公司旗下品牌的时装秀彩排时，我总能看到他的身影。他站在场地外，叼着烟卷，绅士帽的下面长发披散着，穿着标志性的黑色套装，身材瘦弱却充满了魅力。

8.《迪奥的时尚笔记》（2015年版）

这本书与众不同，它摒弃了华丽繁复的装帧，也没有炫目的图片，而是以质朴的形式，展现了设计大师对女性优雅得体穿搭的独到见解和实用分享。它看似普通,却是一本蕴含着深刻智慧和实用建议的小手册。

在书中,迪奥先生对年龄、优雅等话题进行了解读,观点独到而精辟。他强调,穿着打扮要与年龄、身份相称,但这并不意味着要穿得老气横秋;优雅是个性、自然、精心和简洁的正确组合。

书中还强调:"好的眼光才是王道。"这好似在强调,想要做一名专业的时尚行业从业者,拥有好的眼光是无比重要的。

9. THE FASHION SHOW(《时装秀》)

这是一本英文书,书中收录了20世纪60年代至今众多经典时装发布会的邀请函。尽管这些邀请函不像发布会的影像那么直观、生动,却抓住了我这种有"收藏癖"的人的心。越翻看这些早年间的创意,我心中对时尚的敬畏感就越发强烈。

10.FASHIONPEDIA(《时尚图典》)

这是一本视觉时尚词典,包含服装样式、材质、生产等所有常见时尚门类的绝大多数专业术语。无论是行业内人士、时尚鉴赏家,还是时尚爱好者,都能轻松地从中获得自己所需要的信息。

11. THE FASHION BUSINESS MANUAL（《时尚商业手册》）

这是一本 2018 年出版的英文书，可以说是一本时尚设计师业务手册。内容分为七章，对创建品牌过程中所需要了解的每一个环节都做了详尽的介绍。对于有意创立品牌，或者已经走在创立品牌道路上的人，这本书是非常好的选择。

12. THE DENIM MANUAL（《牛仔布设计手册》）

如果你也是一名"牛仔控"，那么你可以毫不犹豫地将这本书收入囊中。这本书详尽地描绘了牛仔裤从 16 世纪开始到现在的演变历程，还深入探讨了"blue collar"（蓝领）这一独特称呼的由来，为我们揭示了牛仔文化背后的故事。

不仅如此，书中还细致地介绍了棉花的产地、纱线的织法以及染布的流程，这些看似平常的环节，其实都蕴藏着复杂的工艺和无尽的智慧。设计师们通过巧妙的手法和对各种工艺的运用，打造出各具特色的版型，使得最终呈现在我们眼前的牛仔产品如此丰富多样。当然，它们的价格差异也很大。

13.《眼界与品位》

"一个人的眼界，决定他的全世界！"这句话听起来是否很震撼？相信读完这本《眼界与品位》，大家也会发出这样的感叹。这本书由全球生活方式引领者 KINFOLK（《生活方式季刊》）的创始人内森·威廉斯（Nathan Williams）撰写。他带着对当代创意文化的洞察和独到理解，走访了全球 90 位影响时代的创意总监。这些来自时尚、出版和娱乐三大领域的创意人士不仅在自己的领域里取得了无数令人瞩目的成就，还共同推动了创意产业的发展和进步。建议大家在看这本书的过程中用心感受这些创意人士的思考方式和工作方法。

14. *CYCLE CHIC*（《**单车时尚**》）

这是一本汇集了海外众多骑行者时尚街拍的精彩集锦。这些骑行者选择自行车作为自己日常出行的交通工具。他们并非仅仅将骑行视为一项运动，而是一种生活方式，这种生活方式体现了他们追求环保、时尚、健康的生活态度。他们身着时髦的服饰，穿梭于城市的街头巷尾。将这本书视为"时尚穿搭指南"一点也不为过。

我推荐的
时尚类影视作品

还有什么比边看影视作品边学时尚知识更令人愉悦的呢？我钟爱的影视作品题材并不局限于时尚类，因为许多影视作品中的服装设计、搭配、造型都堪称教科书级别的存在。

1.《艾米丽在巴黎》（电视剧）

故事的主人公艾米丽是某美国营销公司的雇员，因公司收购了一家法国奢侈品营销公司，所以被派到巴黎工作。她需要适应法国人的生活方式与法国的职场文化。在这部电视剧中，穿搭是一大亮点，也是大家关注的重点，但与此同时，美国和法国的文化背景的差别，以及两国人民对时尚产业的认知的差异也是这部剧的看点。

2.《绯闻女孩》（电视剧）

这部美剧相信很多人都不陌生，它堪称继《欲望都市》之后时尚剧的又一力作。故事以纽约曼哈顿为背景，聚焦了一群富家子弟在学校内外的精彩生活。剧中人物不仅外形俊美，他们时髦的穿搭也令人百看不厌。虽然他们穿着的大多是昂贵的奢侈品，但在气质的加持下，这样的穿搭并不会显得俗气，反而显示出他们不俗的品位与格调。在主演们的生动演绎下，这部剧堪称一部穿搭宝典。

3.《广告狂人》（电视剧）

这是一部深度描写20世纪60年代正值黄金时代的美国广告业的电视剧。通过精心还原场景、服饰等元素，再配上音乐，这部剧能带给观众一种身临其境的感觉。本剧的音乐、造型、摄影等艺术元素品位高级，展现了20世纪60年代美国的社会风貌和人们的审美观念，非常值得一看。

4.《圣罗兰传》（电影）

如果想了解设计大师伊夫·圣罗兰（Yves Saint Laurent），这部影片是非常好的选择之一。它用精美的画面描述了这位传奇设计师的非凡人生经历。对伊夫·圣罗兰的忠实粉丝来说，这无疑是一部不容错过的佳作。

5.《古驰家族》（电影）

这部电影讲述了一个隐藏在奢侈品品牌古驰（Gucci）背后的八卦故事，是一部精彩绝伦的影视作品。由Lady Gaga（美国女歌手）扮演的故事主人公帕特里齐亚·雷加尼原本只是一个出身于普通家庭的小会计，然而，命运的齿轮却让她与古驰家族的第三代掌门人相遇，从此，她的人生轨迹发生了翻天覆地的变化，她一跃成了古驰家族第三代掌门人的太太。然而，随着家族地位的争夺愈发激烈，一场惊心动魄的谋杀悄然上演。在这部剧中，经典的古驰服饰和为影片定制的时装令人目不暇接。

6.《时尚先锋香奈儿》（电影）

这是一部以香奈儿的传奇生平为蓝本的电影，其独特之处在于制作团队精心选择了香奈儿收藏馆中的大量珍品，甚至借用了香奈儿的故居来拍摄剧中的时装秀，这使得影片中的场景充满了历史的厚重感与真实感。更为难得的是，他们还请到了享有盛誉的"老佛爷"卡尔·拉格斐参与影片的服装设计，将香奈儿的时尚哲学与美学理念完美融入影片之中。

在拍摄过程中，考虑到藏品的珍稀与宝贵，制作团队特别加强了安保措施，确保每一件藏品都能得到妥善的保管与展示。所以，哪怕仅仅是为了欣赏这些藏品,这部电影都值得一看。

7.《第五元素》(电影)

这部于1997年在美国上映的科幻电影,在当时是高蒙影业拍摄投入最高的电影,还创下了当时影片特效投入的最高纪录。整部影片的服装造型邀请了著名服装设计师让-保罗·高缇耶来打造。影片中的服装采用了大量充满科技感的面料,这使得影片中的造型既前卫又独特,充满了未来感。女主角的扮演者米拉·乔沃维奇(Mila Jovovich)也凭借这部影片一举成名。

8.《一个购物狂的自白》(电影)

这部电影讲述了一个疯狂热爱购物却因此背负沉重债务的女生的故事。在因过度消费而陷入困境的同时,她也在不知不觉中拥有了独特的品位。女主角的穿着打扮略显夸张,令人不禁回想起《欲望都市》的女主角凯莉那些令人难忘的造型。在这里,我想给现实中与女主角有相同消费习惯的人提个醒:切记不要做"卡奴"哟!

9.《穿普拉达的女王》(电影)

对这部广为人知的时尚类影片,我可谓是百看不厌。影片生动地展现了全球顶尖时尚杂志主编对杂志内容的严苛要求,让我们得以窥见这一看起来光鲜亮丽的行业背后的艰辛与挑战。

本片的看点之一当然是由顶级奢侈品品牌赞助的服饰和主演们的造型。每一套服装不仅充满了设计感，也与角色的个性相得益彰。

10.《女王》（电影）

这部由备受赞誉的女演员海伦·米伦（Helen Mirren）倾情主演的电影，不仅在人物塑造上独具匠心，在服装造型方面也精雕细琢，展现了英国女王的非凡魅力。作为英国及英国海外领地的国家元首，英国女王的着装品位在贵族中堪称典范中的典范。影片中海伦·米伦的服装造型与现实生活中的女王的非常相似。

11.《天衣无戒：马丁·马吉拉》（纪录片）

这部纪录片是我最为推荐的时尚类纪录片之一。马吉拉堪称一位"隐形设计师"，他的身影极少出现在公众视野中，甚至连他的照片都难得一见。这部纪录片用他的双手和声音串联全片。尽管片中的素材略显粗糙，但这样的画面实属珍贵。片中还能看到众多曾经与马吉拉共事、看过他的发布会、担任过他的走秀模特的人对他的评价。他们的回忆与感受，让我们可以更加深入地了解这位传奇设计师的设计哲学。

12.《迪奥与我》（纪录片）

这部纪录片的最大看点是该片记录了拉夫·西蒙担任迪奥女装创意总监后品牌的首场高定（高级时装定制的简称）大秀的整个策划过程。从灵感的捕捉，与艺术家的深度交流，到面料的研发，高定匠人们手工制作服饰的过程，秀场的创意，这部纪录片是对奢侈品产业幕后故事的一次揭秘。

13.《瑞克·欧文斯的家》（纪录片）

这部由美国版 *Vogue* 团队精心制作的纪录片，呈现了一个与大家在秀场上看到的截然不同的瑞克·欧文斯。很难想象他的私人生活与他的设计作品有着如此大的反差。镜头带领观众了解了瑞克·欧文斯在艺术品以及家具收藏方面的独特喜好，对衣物的个人偏好，以及对家人的细腻情感。

14.《五月第一个星期一》（纪录片）

每年五月的第一周，全球时尚圈人士都会将关注的焦点放在一场盛大的活动上——纽约大都会艺术博物馆慈善舞会（简称 Met Gala）。这部纪录片以独特的视角，记录了美国版 *Vogue* 主编安娜·温图尔（Anna Wintour）、导演王家卫以及纽约大都会艺术博物馆服装学院院长安德鲁·博尔顿（Andrew Bolton）联手策划 2015 年 Met Gala "中国：镜花水月"主题展的全过程。

在大多数人的眼中，Met Gala 或许只是明星们闪耀的舞台，而这部纪录片却将焦点放在了 Met Gala 的创意团队上。它展现了打造这一全球顶级时尚活动的团队工作人员的创意源泉、工作方式以及卓越成就。

15.《事前七日》（纪录片）

高定，这个词对大多数人而言，似乎总是蒙着一层神秘的面纱，即便我们观看了无数部揭秘高定幕后故事的纪录片，也依然会对高定的诞生过程感到好奇。而这部纪录片，就为我们讲述了香奈儿 2018 春夏高定秀前七天的故事。

在这部纪录片中，我们得以一窥香奈儿高定的奢华全貌。更为重要的是，它向我们展示了顶尖创意人士的卓越才华和他们为举办一场完美大秀所付出的努力。大秀的每一个环节，每一个细节，都凝聚着他们的智慧与心血。尤为难得的是，这部纪录片还留下了"老佛爷"卡尔·拉格斐生前工作时的宝贵画面。

16.《九月刊》（纪录片）

这部纪录片容易让人联想到那部经典的《穿普拉达的女王》，不过在我看来，这部纪录片要比电影更具吸引力。它真实而生动地展现了全球时尚风向标——美国版 *Vogue* 一年中最重要的九月刊的整个出版过程，能够让观众看到一本高品质的时装杂志凝结了多少付出。一个资深的时尚编辑团队，严格把控策划、造型、封面人物选择、拍摄、选片、排版等每一个细节，然后才能呈现出令人赞叹的作品。他们不仅要有敏锐的时尚洞察力，更要有对美的执着追求和无尽的创造力。

我喜欢的时尚达人

◎ 1. 演员蒂尔达·斯文顿（Tilda Swinton）
2. 演员凯特·布兰切特（Cate Blanchett）
3. 设计师菲比·费罗（Phoebe Philo）

1	2	5	
3	4	6	7

◎ 1. 设计师萨拉-灵·德兰（Sarah-Linh Tran）
2. 演员、歌手简·柏金（Jane Birkin）
3. 超模史蒂娜·坦娜特（Stella Tennant）
4. 超模凯特·摩丝（Kate Moss）
5. 超模阿格妮丝·迪恩（Agyness Deyn）
6. 时尚专栏作家、时尚编辑戴安娜·弗里兰（Diana Vreeland）
7. 编剧、导演、演员索菲娅·科波拉（Sofia Coppola）

一

让我
记忆犹新的
联名

近年来，联名俨然成为品牌之间或品牌与设计师之间进行商业合作的常用形式。品牌各自的风格与优势的结合，以及品牌与顶尖设计师灵感的相互碰撞，为联名款产品带来了独一无二的价值。联名款产品的稀缺性，以及顶尖设计师的影响力，使产品极受追捧。其中有一些联名款产品以其创新性和独特的概念，让我印象深刻。

大众消费品牌 × 设计师

○ UNIQLO × Jil Sander

（优衣库 × 吉尔·桑德）

○ UNIQLO × Christophe Lemaire

（优衣库 × 克里斯托弗·勒梅尔）

大众消费品牌 × 设计师品牌

○ H&M × Maison Margiela

大众消费品牌 × 大众消费品牌

○ Vaseline × PepsiCola

（凡士林 × 百事可乐）

潮流品牌 × 户外品牌

○ Supreme × The North Face（北面）

小众商业品牌 × 设计师品牌

○ A.P.C. × Sacai

小众商业品牌 × 大众消费品牌

○ Ader Error（韩国品牌）× ZARA（飒拉）

运动品牌 × 设计师品牌

○ Nike（耐克）× Sacai

○ Coverse（匡威）× Comme des Garçons

○ adidas × Raf Simons

（阿迪达斯 × 拉夫西蒙斯）

○ Reebok × Maison Margiela

（锐步 × 梅森马吉拉）

○ Converse × Rick Owens DRKSHDW

（匡威 × 瑞克欧文斯暗影）

运动品牌 × 潮流品牌

○ Nike × Off-White

（耐克 × 拟白）

运动品牌 × 商业品牌

○ adidas×Moncler

（阿迪达斯 × 盟可睐）

奢侈品牌 × 潮流品牌

○ Louis Vuitton（路易威登）×Supreme

奢侈品牌 × 户外品牌

○ Gucci×The North Face

奢侈品牌 × 潮流品牌创始人

○ Dior×Shawn Stussy

（迪奥 × 肖恩·斯图西）

奢侈品牌 × 乐器品牌

○ Saint Laurent×Fender

（圣罗兰 × 芬达）

设计师品牌 × 设计师品牌

○ Comme des Garçons×MM6 Maison Margiela

（梅森马吉拉副线 MM6）

有创意的联名款产品不但在设计上会令人眼前一亮，还总能带给人们意想不到的惊喜，感兴趣的朋友可以从 NOWRE（现客）的网站上搜索更多品牌联名的信息。

我最得意的
二手收藏

1	
2	3

◎ 1. Valentino（华伦天奴）收身大衣
2. Saint Laurent 黑色不对称外套
3. Jean-Paul Gaultier 小棉外套

1	2	5	
3	4	6	7

◎ 1. Saint Laurent 黑色兔毛披风大衣
2. Comme des Garçons 西装外套
3. Comme des Garçons 灯笼袖长款连衣裙
4. 美国古着店以 20 美元购入的外套
5. Anna Sui（安娜苏）大衣
6. Balenciaga（巴黎世家）外套
7. Junya Watanabe 大衣

我珍藏的
邀请函和
工作证

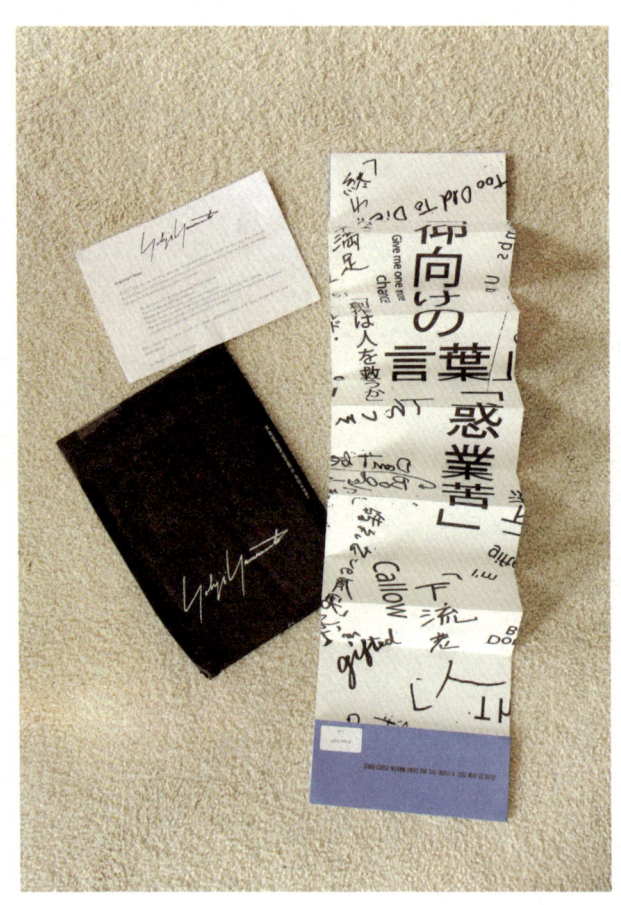

珍贵的
秀场照片

结语

这本书写到这里,已经接近尾声了。在这里,我很想谢谢那些在我最艰难的时候一直陪伴在我身边的人。例如:虽然喜欢唠叨,但是一直在背后支持我的家人;我的先生,一个长得像乔治·克鲁尼,充满了好奇心,喜欢讲冷笑话的建筑及室内设计师,他让这本书的插图充满了时代感;陈大鹏会长,一位我非常敬重的良师益友,他胸怀大志,儒雅谦逊,是他的认可让我坚定了自己的选择;我的粉丝们,你们渴望步入时尚买手行业的热情,是我决定写这本书的原动力;我的"NC家族"的成员们,你们的爱给了我无限大的力量。最后,我还要感谢所有帮助过我的人,是你们的信赖让我得以毫无顾忌地前行。

时尚买手之路并不是我创造的,它是无数前人早已走过的路,只是对于刚毕业时的我来讲是条陌生的路。二十多年前我踏上了这条路,一路上磕磕绊绊,庆幸的是我没有因为觉得艰难而半路放弃。从2003年到2024年,一共二十多年的时间,在这条路上我经历了各种挑战,有失败、成功、背弃、喜悦、遗憾,但更多的是感恩和收获。我将这些经历放进了这本书里,希望它能帮助即将走上这条路的年轻人,也希望在这条路上会聚集越来越多优秀的人!

重要通知：

2024年7月31日，也就是这本书问世前的一个月，我决定关掉我经营了这么多年的线下实体店，全身心投入到时尚买手的培养和自媒体内容的制作上。喜爱我的选品的粉丝们请不要感到遗憾，我的线上买手店还会继续运营，我也会通过其他形式去为大家继续挖掘有潜力的品牌。感谢大家一直以来的关爱和支持！我还会在自媒体上以及买手课程中与大家见面！

NCSPACE 买手店线上商城

附录

解析"买手 Nicole Chen"的自媒体世界

2020年7月,我开始尝试运营自媒体账号,将与时尚买手相关的话题搬上了抖音、小红书、b站(哔哩哔哩)、微信视频号等平台。四年间,我和小编团队一起创作了近六百条短视频。因为涉及的时尚内容广泛,为了方便大家浏览,我特意将内容做了分类,并录制了一段类似于导览说明书的内容分享给大家。感兴趣的朋友可以扫描右页上方图片中的二维码观看。

◎ 小红书账号首页截图,抖音账号首页截图,b站账号首页截图

2023年，我又开设了两档直播栏目，一个是"买手Nicole的聊天室"，一个是"买手Nicole的购物单"。在前一个栏目中，我会邀请不同的设计师、创意人士、行业精英和我一起畅聊时尚话题，有兴趣报名参与这个栏目的朋友欢迎添加下方微信账号联系我，成为我聊天室的嘉宾。在后一个栏目中，我会为大家精心推荐性价比高的生活好物，有意向与我合作的品牌方可以添加下方微信账号联系我。

微信账号：Nicoleshangwu

当你打开小红书账号"买手NicoleChen"的首页后，你会看到以下分类：

1. 如何成为时尚买手

2. 买手的时尚资讯

3. 买手教你如何穿搭

4. 买手推荐时尚好书好剧

5. 买手看秀

6. 买手的古着分享

7. 买手翻店来了

8. 买手 Nicole 的聊天室

9. 买手 Nicole 的购物单

本书插画师：金震语

我的自媒体账号：

公众号：NicoleChen 弯的四

小红书：买手 NicoleChen

抖音：买手 Nicolechen

b 站：买手 nicolechen

微博：NicoleChen

  对时尚买手行业感兴趣、有疑问，希望进一步了解和解惑的朋友，都可以关注上述账号，里面会有丰富的内容与大家分享。

图书在版编目（CIP）数据

时尚买手之路 / Nicole Chen著. -- 青岛：青岛出版社, 2024. -- ISBN 978-7-5736-2604-2

Ⅰ. F768.3-62

中国国家版本馆CIP数据核字第2024W24B44号

SHISHANG MAISHOU ZHI LU

书　　名	时尚买手之路
著　　者	Nicole Chen
出版发行	青岛出版社
社　　址	青岛市崂山区海尔路182号（266061）
本社网址	http://www.qdpub.com
邮购电话	0532-68068091
策　　划	周鸿媛　王　宁
责任编辑	王　韵　王玉格
装帧设计	文俊｜1024设计工作室（北京）
制　　版	青岛千叶枫创意设计有限公司
印　　刷	青岛海蓝印刷有限责任公司
出版日期	2024年9月第1版　2024年9月第1次印刷
开　　本	16开（710毫米×1000毫米）
印　　张	19.75
字　　数	180千
书　　号	ISBN 978-7-5736-2604-2
定　　价	128.00元

编校印装质量、盗版监督服务电话：4006532017　0532-68068050